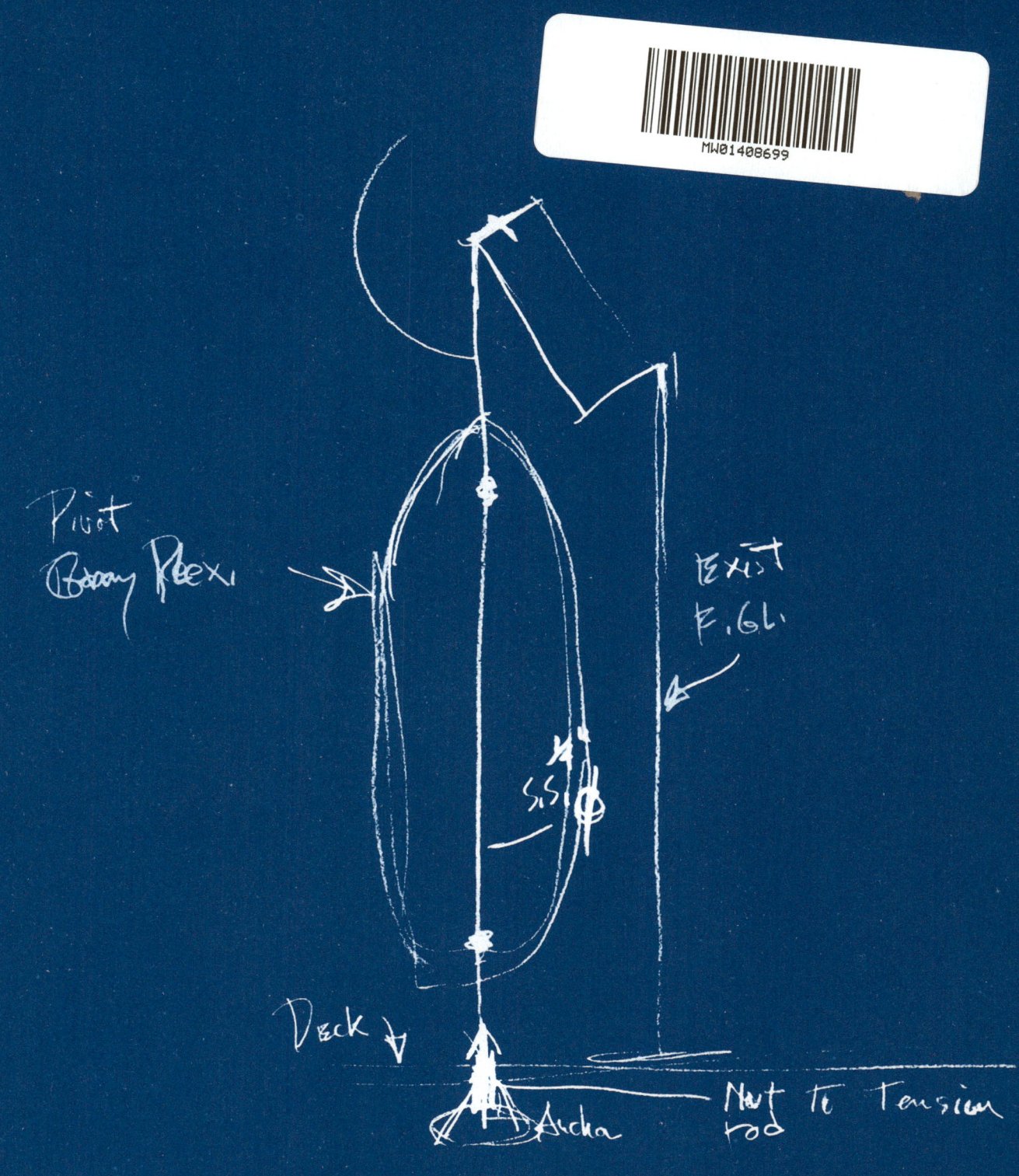

Barbara-Ann Campbell-Lange

John Lautner

edited by Peter Gössel

TASCHEN

KÖLN LONDON MADRID NEW YORK PARIS TOKYO

CONTENTS
Inhalt Sommaire

INTRODUCTION — 4
Einführung Introduction

BACKGROUND — 8
Herkunft und Werdegang Formation

METHOD OF DESIGNING — 14
Entwurfsmethode Méthode de conception

THE FIRST HOUSES — 18
Die frühen Häuser Les premières maisons

FIRST MAJOR WORKS — 30
Die frühen bedeutenden Werke Premières grandes réalisations

THE LOW COST HOUSES — 52
Die kostengünstigen Häuser Les maisons à faible budget

EVOLUTION OF THE IDEA — 58
Die Weiterentwicklung der Idee L'Evolution de l'idée

VARIATIONS ON A THEME — 114
Variationen eines Themas Variations sur un thème

FINAL MAJOR PROJECTS — 134
Letzte Hauptwerke Derniers grands projets

CONCLUSION — 168
Schlußwort Conclusion

BIOGRAPHY AND COMPLETE WORKS — 172
Biographie und Werkliste Biographie et liste des travaux

INTRODUCTION
Einführung Introduction

"50 years have gone by and it feels like five or ten and I don't know what the hell happened because I was involved."[1]

John Lautner was a tall man with a generous smile, who looked good in red. His desk was always full of the things he was thinking about that day: a patterned shell, an image of an arching Egyptian goddess, a piece of text about the essence of beauty. On the wall was a photograph of the Arango Residence, so large one could almost step onto its open raw-marble terrace, held in timeless tension between sea and sky. His buildings still appear new and fresh, free of stifling references, and they hold a profound sense of belonging: to the place, the people and the architect. Cherished by all who knew him, Lautner has left a legacy of barely known work that speaks of the infinite potential of architecture.

For more than 50 years Lautner wrestled with the jarring commercialism and transitory infatuations of Los Angeles. His Hollywood office overlooked the fickle styles of what he called "real-estate fakery" crowding the hills, few of whose 10 million inhabitants were interested in his work. "Architecture is for people and that is forgotten. Most of it is for rent, for sale, for lease but not for people."[2] He said he "gave up the woods for a life of architecture", and one is aware within his houses of a search for the sensations of the primeval forest he knew as a boy.

Lautner's early projects embodied some influences of the work of Frank Lloyd Wright, with whom he had apprenticed at Taliesin. However, in time his work evolved a unique conception of architectural space, form and attitude to materials. This development is discernible through careful study of the plans and sections of his buildings; however, photographs – particularly of the interiors – convey only partial truths about the complex non-rectilinear spaces that they frame. Inevitably, as with all good architecture, it is only by visiting the buildings that Lautner's particular vision can be properly appreciated. And this is where his success – in the worldly sense – foundered: most of Lautner's work comprises private houses that are rarely accessible.

This inaccessibility, both physical and graphic, meant that Lautner did not achieve prominence amongst his peers or the architectural press during his lifetime – something that was both a personal disappointment and a deep frustration of his hopes for the future of architecture. This situation may have been exacerbated by the blockbuster movies in which some of his houses starred: *Diamonds are Forever* (Elrod Residence), *Body Double* (Malin Residence "Chemosphere"), *Lethal Weapon* (Garcia Residence), *Less Than Zero* (Reiner Residence "Silvertop"). Despite this, Lautner had a large and passionate following of free-thinking individuals, who packed his lectures, made pilgrimages to his office, and trespassed to his houses.

„50 Jahre sind vergangen, sie kommen mir vor wie fünf oder zehn, und ich weiß gar nicht, wie zum Teufel das zugegangen ist, weil ich immer so viel zu tun hatte."[1]

John Lautner war ein großer Mann mit einem offenen Lächeln, und die Farbe Rot stand ihm gut. Auf seinem Schreibtisch häuften sich die Dinge, mit denen er sich gerade beschäftigte: eine gefleckte Muschel, die Abbildung einer ägyptischen Göttin, ein Text über das Wesen der Schönheit. An der Wand hing eine Aufnahme seines Arango-Hauses – so groß, daß man fast den Eindruck hatte, man könnte dessen auf ewig zwischen Himmel und Meer eingespannte Marmorterrasse betreten. Lautners Bauten erscheinen auch heute noch neu und originell, frei von jeder lähmenden Rückschau und durchdrungen von einem Gefühl der Zugehörigkeit zum Ort, zu den Hausbewohnern und zum Architekten. Alle, die Lautner kannten, schätzten ihn sehr. Er hat jedoch ein Werk

«50 ans ont passé, qui sont pour moi comme cinq ou dix années, en fait, je ne sais pas du tout ce qui a pu se produire tellement j'étais occupé.»[1]

John Lautner était un homme de grande taille, au sourire généreux, auquel le rouge allait bien. Son bureau était toujours encombré de choses auxquelles il pensait ce jour-là: un coquillage, une image de déesse égyptienne courbée, un texte sur l'essence de la beauté. Au mur se trouvait une photographie de l'Arango Residence, si grande que l'on avait l'impression de pouvoir entrer sur sa terrasse de marbre brut en tension intemporelle entre la mer et le ciel. Ses œuvres qui nous semblent aujourd'hui toujours aussi nouvelles que jadis, libres de toute référence sclérosante, donnent le sentiment profond d'une triple appartenance: au lieu, à leurs habitants et à l'architecte. Adoré de tous ceux qui le connaissaient, Lautner a laissé un important patri-

John Lautner in his office on Hollywood Boulevard, 1990
John Lautner in seinem Büro am Hollywood Boulevard, 1990
John Lautner dans son bureau, Hollywood Boulevard, 1990

Aerial view of suburban Los Angeles
Luftbild von der typischen Vorortbebauung in Los Angeles
Vue aérienne de la banlieue de Los Angeles

1   *The Spirit in Architecture, John Lautner*, documentary film written and directed by Bette Jane Cohen, produced by Bette Jane Cohen and Evelyn Wendel, 1991
2   Lecture given by John Lautner, SCI-Arc, Los Angeles, 23 January 1991

hinterlassen, das kaum bekannt ist, obwohl es Zeugnis von den unerschöpflichen Möglichkeiten der Architektur ablegt.

Über 50 Jahre lang kämpfte Lautner gegen die Kommerzialisierung und die wechselnden Moden der Architektur in Los Angeles. Von seinem Büro in Hollywood blickte er auf die umliegenden Hügel, bebaut mit Häusern in allen möglichen Stilen und Stilmischungen – von ihm verächtlich „real-estate fakery" (Imitationen aus Investorenhand) genannt. Nur wenige der zehn Millionen Einwohner von Los Angeles interessierten sich für seine Architektur. „Die Architektur ist für den Menschen da, und das ist vergessen worden. Die meisten Bauten sind zum Vermieten, Verpachten oder Verkaufen gedacht, aber nicht zum Bewohnen."[2] Lautner sagte, er habe auf ein Leben im Wald und in der Natur verzichtet, um mit der Architektur zu leben, und in seinen Häusern ist tatsächlich etwas von seiner Sehnsucht nach den urwüchsigen Wäldern seiner Kindheit zu spüren.

Lautners frühe Bauten sind von Frank Lloyd Wrights Werk beeinflußt, bei dem er in Taliesin als junger Architekt gelernt und gearbeitet hatte. Mit der Zeit entwickelte er jedoch seine ganz eigene Auffassung vom umbauten Raum, von Formen und Materialbehandlung. Das zeigt sich, wenn man die Grundrisse und Schnitte seiner Bauten genauer studiert. Fotos, besonders Innenaufnahmen, vermitteln nur Teilaspekte seiner komplexen schiefwinkligen oder geschwungenen Räume. Wie bei jedem guten Gebäude kann die besondere Sicht des Architekten nur in einer Begehung nachvollzogen werden. Und genau darin liegt der Grund für seinen im „weltlichen" Sinn mangelnden Erfolg: Lautners Werk besteht zum größten Teil aus Einfamilienhäusern, die selten öffentlich zugänglich sind.

Aufgrund dieser sowohl physischen wie graphischen Unzugänglichkeit gehörte Lautner nicht zu den Architekten, deren Werk bereits zu Lebzeiten publiziert wurde und anerkannt war, was ihn persönlich enttäuschte und in Bezug auf die Zukunft der Architektur zutiefst frustrierte. Diese Enttäuschung wurde wahrscheinlich noch verstärkt durch die Blockbuster-Filme, in denen einige seiner Häuser eine Rolle spielten: „Diamantenfieber" (Haus Elrod), „Der Tod kommt zweimal" (Haus Malin, genannt „Chemosphere"), „Zwei stahlharte Profis" (Haus Garcia), „Unter Null" (Haus Reiner, genannt „Silvertop"). Dennoch fand Lautner eine große, begeisterte Anhängerschaft unter aufgeschlossenen, freidenkenden Menschen, die in Scharen zu seinen Vorträgen kamen, zu seinem Büro pilgerten und als ungebetene Gäste seine Häuser besichtigten.

moine de réalisations à peine connues, mais qui ont beaucoup à dire sur le potentiel infini de l'architecture.

Pendant plus de 50 ans, Lautner s'est battu contre la pénible mentalité mercantiliste et les modes éphémères de Los Angeles. Son bureau d'Hollywood dominait les exemples des styles changeants de ce qu'il appelait «a fabrique de faux immobiliers» qui envahissait les collines de Los Angeles, dont très peu des 10 millions d'habitants s'intéressaient à son travail. «L'architecture est faite pour les gens, et on l'oublie. L'essentiel de ce que l'on voit est conçu pour être loué, vendu, objet d'emprunts, mais pas pour les gens.»[2] Il disait aussi qu'il avait abandonné les bois pour une vie dans l'architecture. Et l'on est conscient dans ses maisons de cette recherche des sensations de la forêt primitive qu'il avait découvertes pendant son enfance.

Ses premiers projets conservent quelques traces de l'influence de Frank Lloyd Wright, auprès duquel il avait fait son apprentissage à Taliesin. Mais avec le temps, son œuvre évolua vers une conception originale et personnelle de l'espace architectural, de la forme et de l'attitude envers les matériaux. Cette évolution se discerne à travers l'étude approfondie des plans et des coupes de ses projets, car les photographies, en particulier celles des intérieurs, ne traduisent que partiellement la vérité des espaces complexes et non rectilignes qu'elles cadrent. Inévitablement, et comme pour toute bonne architecture, ce n'est qu'en visitant ses réalisations que la vision si particulière de Lautner peut être correctement appréciée. Ceci explique d'ailleurs le caractère limité de son succès – au sens public du terme – la plupart de ses œuvres étant des résidences privées que l'on pouvait rarement visiter.

La conséquence de cette inaccessibilité, à la fois physique et graphique, explique que Lautner ne connut pas auprès de ses pairs la célébrité à laquelle il aurait pu prétendre de son vivant, ce qui représenta pour lui une réelle déception et une profonde frustration quant à son espérance dans le futur de l'architecture. Cette situation a pu être exacerbée par les grands films dans lesquels certaines de ses maisons tinrent un rôle: «Les Diamants sont éternels» (Elrod Residence), «Body Double» (Malin Residence «Chemosphere»), «L'Arme fatale» (Garcia Residence), «Moins que zéro» (Reiner Residence «Silvertop»). Malgré tout, il bénéficia du soutien de nombreux amateurs passionnés, individus d'esprit indépendant qui remplissaient les salles où il donnait des conférences, venaient en pèlerinage à son agence et tentaient de pénétrer dans ses maisons.

BACKGROUND
Herkunft und Werdegang Formation

Born in 1911, Lautner grew up on the wild edges of Lake Superior in northern Michigan, where he discovered "the infinite variety of nature". Memories of contact with this landscape – the freedom of horizons, the patterns of the winds, the moods of the water and the qualities of light filtering into undisturbed forests – were to echo within his work for a lifetime. In later life he often referred to the timelessness of this unspoilt place and sought ceaselessly to achieve its "basic life-giving qualities" in his architecture.

Lautner's mother was a painter, the designer of their holiday cabin, and the first in the family to read Frank Lloyd Wright's 1932 autobiography. His father, educated at several famous European universities, was a teacher by profession. At the age of 12 Lautner helped his father to build the family cabin on a rocky peninsula jutting out into Lake Superior. Together they rafted logs across the lake, and built a skidway up the mountainside. He learnt the mechanics of the windlass and the practicality of handling rough timber – physical contact that spawned an innate confidence in materials and making.

Lautner chose architecture as a career because he felt it involved everything in life and was therefore least prone

The family cabin on a peninsula jutting out into Lake Superior
Das Ferienhaus der Familie auf einer Landzunge im Lake Superior
La maison de vacances sur une péninsule donnant sur le lac Supérieur

Lautner wurde 1911 geboren und wuchs in der wilden Landschaft des Lake Superior im nördlichen Michigan auf, wo er die „unendliche Vielfalt der Natur" entdeckte. Die Erinnerung an diese Landschaft – an weite Horizonte, Wind und Wellen und das die urwüchsigen Wälder durchdringende Licht – sollte sich ein Leben lang in seinem Werk bemerkbar machen. In späteren Jahren sprach Lautner oft von der Zeitlosigkeit dieser unberührten Gegend und war unermüdlich bemüht, ihre „lebenspendenden Qualitäten" in Architektur umzusetzen.

Lautners Mutter malte, entwarf das Wochenend-Blockhaus der Familie und las als erste von ihnen Frank Lloyd Wrights Autobiographie von 1932. Sein Vater hatte an mehreren berühmten Universitäten in Europa studiert und lehrte an der Pädagogischen Hochschule in Marquette. Lautner war zwölf Jahre alt, als er seinem Vater dabei half, das Blockhaus auf einer felsigen Landzunge im Lake Superior zu bauen. Sie flößten Baumstämme über den See und legten eine Holzrutsche vom Ufer zum Bauplatz. Der junge John lernte mit der Winde umzugehen und rohe Baumstämme zu bearbeiten, und diese praktische Erfahrung war die Grundlage für seinen sicheren Umgang mit Baustoffen und Materialverarbeitung.

Lautner wurde Architekt, weil die Architektur für ihn alle Aspekte des menschlichen Lebens umfaßte und er daher der in anderen Berufen üblichen Routine zu entgehen hoffte. Nach dem College wollte er eigentlich auf Weltreise gehen, aber dann hörte er von der einzigartigen Ausbildung,

Né en 1911, Lautner a grandi sur la côte quasi sauvage du lac Supérieur, dans le nord de l'Etat du Michigan, où il découvrit «l'infinie variété de la nature». Les souvenirs de ce contact avec le paysage – la liberté des horizons, la forme des nuages, les humeurs des eaux et les qualités de la lumière filtrée par la forêt immobile – allaient trouver leur écho dans son œuvre tout au long de sa vie. A la fin de celle-ci, il se référa souvent à l'intemporalité de ces lieux protégés et rechercha sans cesse à atteindre ces «qualités vitales basiques» dans son architecture.

Sa mère était peintre. Elle avait dessiné leur bungalow de vacances et fut le premier membre de la famille à lire l'autobiographie de Frank Lloyd Wright parue en 1932. Son père, qui avait étudié dans plusieurs universités européennes, était enseignant. A douze ans, John l'aida à construire le bungalow familial sur une péninsule rocheuse du lac Supérieur. Ensemble ils flottèrent des poutres sur le lac et aménagèrent une voie pour leur glissement au flanc de la montagne. Il apprit la mécanique des treuils et tous les problèmes pratiques posés par le transport du bois brut, dont le contact physique lui donna une confiance innée dans les matériaux et le savoir-faire.

Il choisit l'architecture pour métier parce qu'il sentait qu'elle recouvrait tout ce qui constitue l'essence de la vie et était donc moins sensible aux ornières de la routine. Après le collège, il se préparait à parcourir le monde lorsqu'il entendit parler de la formation originale que Wright dispensait aux architectes. Plein de mépris pour les écoles d'architec-

Opposite: Apprentices working outside at drawing boards, Taliesin West. Lautner is in the foreground.
Linke Seite: Schüler beim Zeichnen im Freien, Taliesin West. Lautner sitzt im Vordergrund.
Page de gauche: Stagiaires travaillant en plein air, Taliesin West. Lautner se trouve au premier plan.

Right: Lautner supervised the construction of Frank Lloyd Wright's Herbert F. Johnson Residence "Wingspread", 1937.
Rechts: Lautner war Bauleiter bei Wrights Haus „Wingspread" für Herbert F. Johnson, 1937.
A droite: Lautner supervisa la construction de la Herbert F. Johnson Residence «Wingspread» de Frank Lloyd Wright, 1937.

The last two Frank Lloyd Wright projects that Lautner supervised, the Sturges House, 1939 (right), and the Oboler House, 1940 (bottom), brought him to Los Angeles.
Die letzten beiden Wright-Bauten, für die Lautner die Bauleitung übernahm und deretwegen er nach Los Angeles kam, waren 1939 das Haus Sturges (rechts) und 1940 das Haus Oboler (unten).
Les deux derniers projets de Frank Lloyd Wright que Lautner supervisa, la Sturges House, 1939 (à droite), et la Oboler House, 1940 (en bas), l'amenèrent à Los Angeles.

Frank Lloyd Wright, Gatehouse for Arch Oboler, 1940
Frank Lloyd Wright, Torhaus für Arch Oboler, 1940
Frank Lloyd Wright, maison dotée d'un portail pour Arch Oboler, 1940

1   *The Spirit in Architecture, John Lautner*, op. cit.
2   Wahlroos, Ingalill, *John Lautner*, unpublished interview for *UCLA Architecture Journal*, 29 November 1989.

Lautner set up his own office in Los Angeles in 1940.
Im Jahr 1940 machte Lautner sich in Los Angeles mit einem eigenen Büro selbständig.
Lautner ouvrit sa propre agence à Los Angeles en 1940.

to the boredom of ruts and routine. After college he was about to embark on seeing the world when he heard of Wright's unique training for architects. Scornful of conventional architecture schools – "All they do is grade on neat and to hell with the ideas"[1] – and having read Wright's autobiography, he decided to go to Wisconsin, where Wright had created a school for trainee architects during the Great Depression. He was accepted by Wright because he had undergone no previous architectural training and therefore had less to unlearn.

The Taliesin East school taught more than draughting. Physical labour such as stonework, carpentry or farm work was complemented at the weekends by Sunday evening dinners, sometimes with string quartets, when Wright would invite as many as 50 or 60 guests. The apprentices would plan, cook and wash the dishes for these events, absorbing the discussions and Wright's talk of the ideals of democracy. In this environment Lautner absorbed the idea of architecture as a whole, integral with life.

Lautner lived in the Ocotillo winter camp in preparation for the construction of Taliesin West, which he physically helped to build – hard physical labour, but exhilarating. It developed in him a fundamental understanding and respect for building, for people and for the landscape. Lautner discovered how to detail in a way that was not only suitable to the nature of the material but also descriptive of the essence of an idea. "The basis of Mr Wright's work, which has been one of the main things I learnt from him, is that you have to have a major idea. If you don't have an idea you don't have architecture, and very few people seem to know that. They have combinations ..."[2]

Lautner deliberately avoided copying any of Wright's drawings or taking photographs. He already knew he wanted to develop his own philosophy, his own architecture. Wright supported this attitude. Despite this, few other apprentices broke free of Wright's influence.

Lautner worked with Wright for six years. While at Taliesin, he witnessed Wright creating "Falling Water" (1936). He later supervised the construction of Wright's Abby Beecher Roberts House, "Deertrack" (1936), and the Herbert Johnson Residence, "Wingspread" (1937). For the Johnson Residence Lautner managed an excellent crew of carpenters who were all cabinetmakers. The last two projects that Lautner supervised – the Sturges House (1939) and the Oboler House (1940) brought him to Los Angeles. Overseeing the building of the Sturges House, Lautner obtained all the permits and arranged all the contracts. He knew that the more contracting experience he acquired the more he could achieve in his own practice. After completing the Oboler House, Lautner left Wright to start his own practice in 1940.

die Frank Lloyd Wright bot. Lautner mißtraute dem Universitätsstudium der Architektur: „Sie geben nur Noten nach Schema F, und zur Hölle mit den Ideen."[1] Nachdem er Wrights Autobiographie gelesen hatte, beschloß er, nach Wisconsin zu gehen, wo Wright während der großen Wirtschaftsdepression eine Architekturschule gegründet hatte. Wright nahm ihn auf, weil Lautner vorher keine andere Architektenausbildung erhalten und somit weniger zu verlernen hatte.

Die Taliesin East School lehrte mehr als nur Bauzeichnen. Zusätzlich zu Steinmetz-, Tischler- oder Farmarbeiten mußten die Auszubildenden an Sonntagen für Abendgesellschaften mit Essen und Kammermusik, zu denen Wright bis zu 50 oder 60 Gäste einlud, die Menüs planen, das Essen zubereiten, servieren und hinterher abwaschen. Auf diese Weise gingen ihnen die Inhalte der Diskussionen mit Wright und dessen demokratische Ideale in Fleisch und Blut über, und Lautner gelangte so zu seiner Auffassung einer ganzheitlichen Architektur als integraler Bestandteil des Lebens.

Als Taliesin West geplant und gebaut wurde, lebte Lautner im Wintercamp Ocotillo und arbeitete mit am Bau – harte körperliche Arbeit, aber anregend. Dadurch lernte er viel über Bauprozesse und entwickelte sein Verständnis und seinen Respekt für Menschen und Landschaft. Vor allem lernte Lautner, wie man die Details so gestaltet, daß sie nicht nur materialgetreu sind, sondern auch das Wesen des Entwurfsgedankens vermitteln. „Die Grundlage von Mr. Wrights Werk und eines der wichtigsten Dinge, die ich von ihm gelernt habe, ist, daß man einen Leitgedanken haben muß. Ohne Idee erzeugt man keine Architektur – was nur ganz wenige zu wissen scheinen –, sondern Stückwerk."[2]

Lautner vermied es bewußt, irgendeine von Wrights Zeichnungen zu kopieren oder Fotos zu machen. Er wollte seine eigene Philosophie und Architektur entwickeln. Wright ermutigte seine Schüler dazu, ihren eigenen Weg zu finden, aber nur wenige lösten sich wie Lautner von seinem bestimmenden Einfluß.

Lautner arbeitete sechs Jahre lang mit Wright und erlebte in dieser Zeit das Entstehen von „Falling Water" (1936). Danach leitete er die Bauarbeiten an Wrights Haus „Deertrack" für Abby Beecher Roberts (1936) und am Haus „Wingspread" für Herbert Johnson (1937). Bei letzterem beaufsichtigte Lautner eine Gruppe hervorragender Tischler, alle Innenausbauspezialisten. Die letzten beiden Häuser, deren Bauleitung er übernahm (für Sturges, 1939, und Oboler, 1940) führten ihn nach Los Angeles. Für das Haus Sturges mußte er sämtliche Genehmigungen einholen und Ausführungsverträge abschließen. Er wußte genau: Je mehr praktische Erfahrung er sammelte, desto erfolgreicher würde er mit einem eigenen Büro arbeiten können. Nach Fertigstellung des Hauses Oboler verließ Lautner Wrights Büro und machte sich im Jahr 1940 selbständig.

ture conventionnelles, «Tout ce qu'elles font est de noter ce qui ne pose pas de problème, et adieu les idées»[1] - et après avoir lu l'autobiographie de Wright, il décida de se rendre dans le Wisconsin où celui-ci avait créé une école de formation d'architectes pendant la Grande Dépression. Il fut accepté par le maître parce qu'il était vierge de tout enseignement architectural et avait donc moins à désapprendre.

L'école de Taliesin East enseignait plus que le dessin. Les travaux pratiques comme le travail de la pierre, de la charpente ou les tâches de la ferme s'accompagnaient de dîners le dimanche soir, parfois au son d'un quatuor à cordes, auxquels Wright invitait jusqu'à 50 ou 60 personnes. Les apprentis préparaient la table, cuisinaient et faisaient la vaisselle en écoutant les discussions et les discours de Wright sur les idéaux démocratiques. Dans cet environnement, Lautner s'imprégna de l'idée que l'architecture était un tout, un élément intégrant de la vie.

Il séjourna au camp d'hiver d'Ocotillo pour préparer le projet de Taliesin West, et participa concrètement et physiquement à sa construction – travail fatigant, mais enthousiasmant. Cette expérience développa en lui une compréhension profonde et respectueuse de l'art de construire, des gens et des paysages. Il découvrit comment mettre en œuvre une méthode qui n'était pas seulement adaptée à la nature du matériaux mais aussi fidèle à l'essence de l'idée. «La base du travail de Mr. Wright, l'une des principales choses que j'ai apprises de lui, est que vous devez avoir une grande idée. Si vous n'avez pas d'idée, vous n'avez pas d'architecture, et peu de gens semblent le savoir. Ils préfèrent les combines.»[2]

Il évita délibérément de copier les dessins de Wright ou de prendre des photographies. Il avait déjà l'intention de travailler à sa propre philosophie, à sa propre architecture, et Wright le soutint dans cette recherche. Il est à noter qu'en dépit de cette attitude de leur maître, peu d'autres apprentis réussirent à se libérer de son influence.

Il travailla six ans auprès de Wright. Pendant son séjour à Taliesin, il assista à la genèse de «Falling Water» en 1936. Plus tard, il supervisa la construction de la Abby Beecher Roberts House, «Deertrack» (1936), et de la Herbert Johnson Residence, «Wingspread», (1937). Pour la résidence Johnson, il dirigea une remarquable équipe de charpentiers qui étaient tous ébénistes. Les deux derniers projets qu'il supervisa, la maison Sturges (1939) et la maison Oboler (1940), le conduisirent à Los Angeles. Pour la maison Sturges, il obtint tous les permis et mit au point tous les contrats. Il savait que plus vite il maîtriserait la pratique des contrats avec les entreprises, plus rapidement il pourrait se mettre à son compte. Après l'achèvement de la maison Oboler, il quitta Wright pour ouvrir sa propre agence en 1940.

METHOD OF DESIGNING
Entwurfsmethode Méthode de conception

Lautner's approach to architecture was instinctive and experiential, or – as he often described it – "a total involvement". He designed from the inside out. "It's thinking right from scratch and having a major idea, from inside. I've never designed a facade in my life."[1]

Lautner drew with the mind of a carpenter, building while he was drawing. His sketches were rough, loose and almost childlike, every mark with a reason and to scale. His initial freehand plans and sections indicate a clear sense of structure. Unlike much media-driven architecture, for him the drawing held no cosmetic importance; it was merely a tool of communication.

The idea mattered above all else. The idea was unique to each client. Every house and every site was understood as a distinct challenge. He believed that the problem to be solved was how to create buildings that could grow and live with people without confining them – buildings that provided light, air and freedom, immeasurably enhancing people's quality of life. Lautner called this "Real Architecture".

Projects were often characterized by an iconic image or metaphor: for example a cave, terrace or roof (Segel, Arango and Sheats/Goldstein respectively). "I have the whole project in my head before I put it down on paper."[2] From this visualization Lautner would make a simple cardboard model to describe the flowing three-dimensional spaces he had conceived, as he found renderings misleading. The model communicated the spatial intentions of the design to his clients, and helped his architects to develop working drawings.

"My clients are all pretty strong individuals or they wouldn't come at all, they wouldn't be doing anything, they'd just do what the status quo said to do, the average. I don't have any average, no average at all."[3] A surprising number of Lautner's clients were involved in the construction of their own buildings, particularly the early smaller houses. As owner-contractors or owner-supervisors, clients Mauer, Gantvoort, Alexander, Deutsch, Harpel and Malin responded to his practical approach and peculiarly American pioneering ingenuity. Kenneth Reiner experimented with Lautner on new building systems in a workshop alongside his factory. Mrs Segel, commenting on Lautner's rapport with his clients, exclaimed: "We've been dancing together throughout."[4]

In contrast to his dismissal of most contemporary architecture, Lautner was familiar with the work of contemporary engineers such as Felix Candela and Pier Luigi Nervi. His architectural vision, combined with his appreciation of fine craftsmanship and daring structures, attracted gifted engineers, contractors and master-builders. It was these individuals who gave physicality to his ideas, making the impossible possible. Wally Niewiadomski, who realized most of Lautner's concrete buildings – specifically Elrod and

Lautners Architekturansatz war instinktiv und empirisch. Er selbst beschrieb seine Tätigkeit häufig als „totalen Einsatz". Er entwarf von innen nach außen. „Es geht darum, ganz von vorn anzufangen und einen Leitgedanken von innen heraus zu verfolgen. Ich habe noch nie eine Fassade entworfen."[1]

Lautner skizzierte seine Entwürfe wie ein Zimmermann oder Tischler: Er baute, während er zeichnete. Seine Zeichnungen waren grob, fast kindlich, jeder Strich begründet und maßstabsgerecht. Schon die ersten freihändigen Planskizzen und Aufrisse vermitteln ein klares Bild der Konstruktion. Seine Pläne waren nicht für die Präsentation bestimmt, das heißt keine Schaupläne mit kosmetischer Bedeutung, sondern lediglich Informationswerkzeuge.

Die Idee war wichtiger als alles andere. Die Idee war für jeden Bauherrn anders. Jedes Haus und jeden Bauplatz faßte Lautner als einzigartige Herausforderung auf. Für ihn bestand jede Bauaufgabe darin, ein Haus zu schaffen, das mit den Menschen wachsen und leben würde, ohne sie einzuengen – ein Haus, das Licht, Luft und Freiheit bieten und dadurch die Lebensqualität der Menschen erhöhen würde. Lautner nannte das „wahre Architektur".

Häufig charakterisierte er seine Projekte mit einem bildhaften Symbol, einer Metapher, etwa als Höhle, Terrasse oder Dach (siehe die Häuser Segel, Arango und Sheats/Goldstein). „Ich habe das ganze Haus im Kopf, bevor ich es

L'approche de l'architecture de Lautner était instinctive, fondée sur l'expérience, et, comme il l'a souvent décrite, «un investissement total». Il concevait de l'intérieur vers l'extérieur. «Il faut penser dès le départ et avoir une grande idée, à partir de l'intérieur. Je n'ai jamais dessiné une façade de ma vie.»[1]

Lautner dessinait dans l'esprit d'un charpentier, et construisait tout en dessinant. Ses croquis étaient bruts, libres et presque infantiles. Chaque trait était justifié et à la bonne échelle. Ses plans et ses coupes initiaux à main levée montrent, dès le départ, un sens précis de la structure. A la différence de ce qui se passe dans beaucoup de projets architecturaux esclaves de leur médium, le dessin n'avait pas pour lui de rôle cosmétique, c'était tout au plus un outil de communication.

L'idée comptait par-dessus tout, et pour chaque client, cette idée était unique. Chaque maison et chaque site étaient considérés comme un nouveau défi. Il pensait que le problème à résoudre était de trouver une manière de créer un bâtiment qui évolue et vive avec ses habitants, ne les confine pas, leur apporte la lumière, l'air et la liberté, et enrichisse leur qualité de vie. Il parlait à ce sujet d'«architecture réelle».

Ses projets se caractérisaient souvent par une image forte ou une métaphore: par exemple une caverne, une

Sheats Residence, Los Angeles, California, 1963

Lautner drew to solve practical problems, eschewing aesthetic mannerisms in his sketches.

Lautner zeichnete, um praktische Probleme zu lösen, und vermied jeden ästhetischen Manierismus.

Lautner dessinait pour résoudre les problèmes techniques, évitant tout maniérisme dans ses croquis.

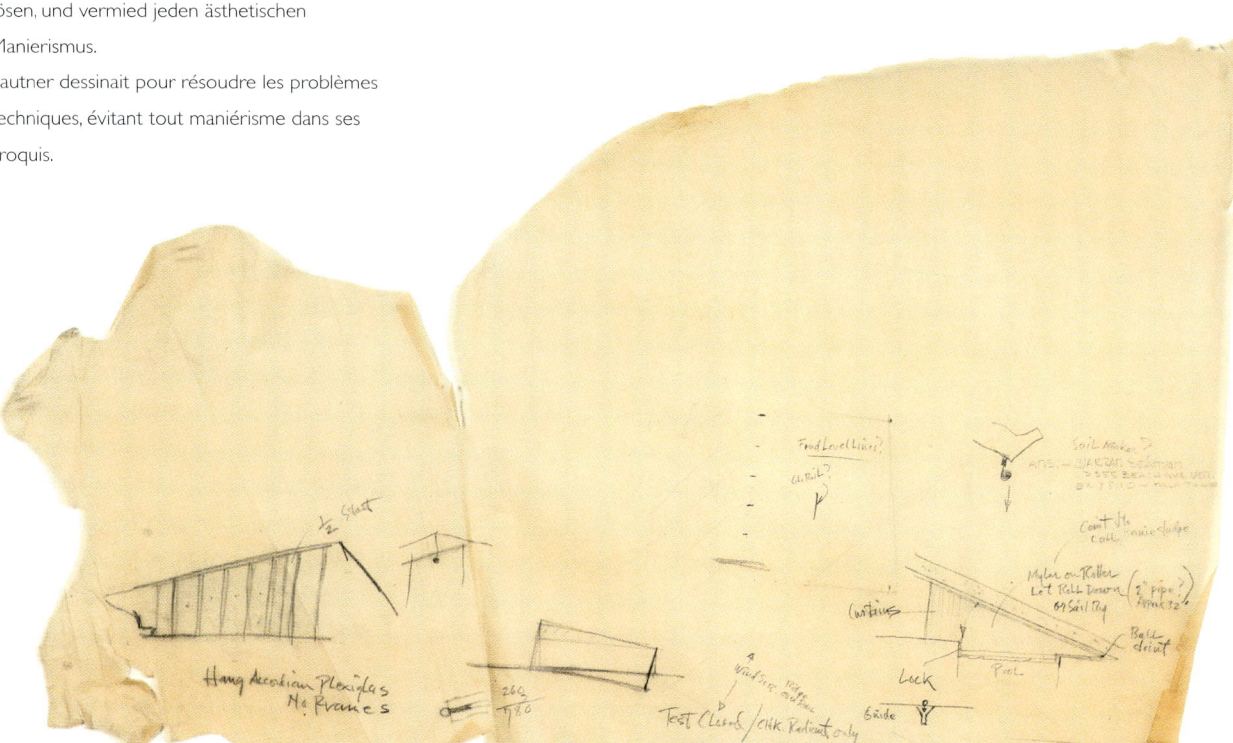

Pearlman Mountain
Cabin, Idyllwild,
California, 1957
Plan and section
sketches
Grundriß- und
Querschnittskizze
Croquis de plan et
de coupes

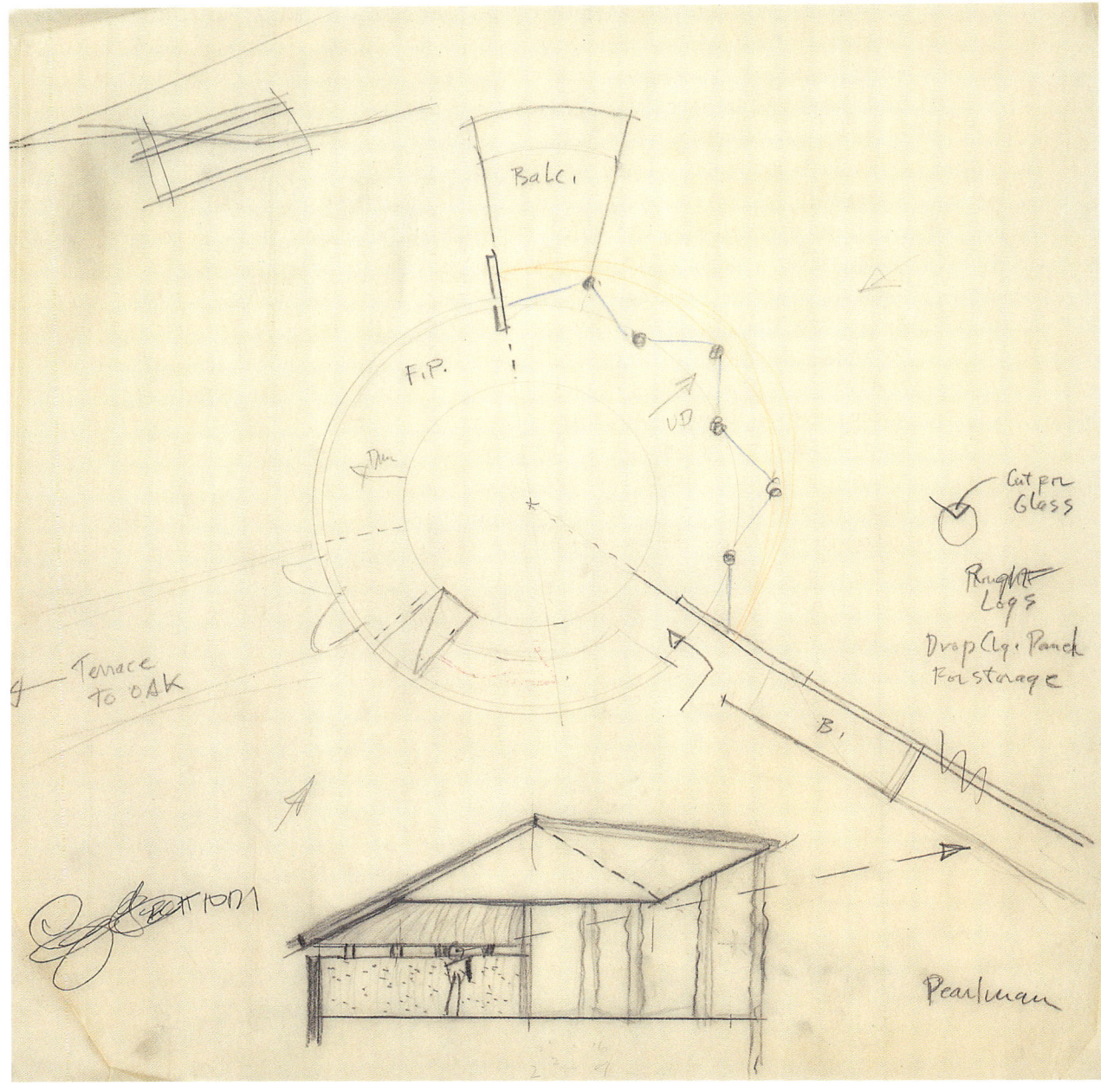

1   Campbell-Lange, Barbara-Ann, *John Lautner*, unpublished
    interview, 10 December 1990
2   Lecture given by John Lautner, op. cit.
3   *The Spirit in Architecture, John Lautner,* op. cit.
4   Escher Frank (ed.), *John Lautner, Architect,* Artemis, London,
    1994, p. 203
5   Campbell-Lange, Barbara-Ann, *John Lautner,* op. cit.

"Silvertop" – and John de la Vaux, who built the Carling, Deutsch, Harpel and Malin Residences, are the two key characters in this respect. Both responded to the adventure of the projects, and to Lautner's keen eye for detailing and finishing.

"The creative process – it's a sweat. The thing is to be able to hold, and try to pull together, all the possible emotional elements, physical elements, structural elements and nature, and try to pull that into an idea. One idea. And you have to practise. So since I have been practising that way for 50 years I can do it. But I have better control now than I ever did."[5]

zu Papier bringe."[2] Auf der Grundlage dieser Visualisierung fertigte er ein Pappmodell, um die fließenden dreidimensionalen Räume zu verdeutlichen, da er Zeichnungen irreführend fand. Das Modell vermittelte den jeweiligen Bauherren einen Eindruck von den räumlichen Intentionen des Entwurfs und erleichterte Lautners Mitarbeitern die Arbeit an den Ausführungsplänen.

„Meine Auftraggeber sind alle ziemlich eigenwillig, sonst würden sie nicht zu mir kommen. Sie würden gar nichts tun, oder nur das, was den Status quo erhält, nämlich das Übliche, Durchschnittliche. Bei mir gibt es weder das Übliche noch den Durchschnitt."[3] Eine erstaunlich große Anzahl von John Lautners Bauherren beteiligte sich selbst an den Bauarbeiten, besonders bei den frühen, kleineren Häusern. Als Eigentümer-Bauunternehmer oder Eigentümer-Bauleiter schätzten die Bauherren Mauer, Gantvoort, Alexander, Deutsch, Harpel und Malin die praktische Herangehensweise und die spezielle, für die amerikanischen Pioniere typische Phantasie des Architekten. In Zusammenarbeit mit Lautner testete Kenneth Reiner neue Bausysteme in einer Werkstatt neben seiner Fabrik. Mrs. Segel kommentierte Lautners Beziehungen zu seinen Auftraggebern mit dem Ausruf: „Wir haben die ganze Zeit zusammen getanzt."[4]

Trotz seiner ablehnenden Einstellung gegenüber einem Großteil der modernen Architektur kannte Lautner die Arbeit zeitgenössischer Bauingenieure wie Felix Candela und Pier Luigi Nervi. Seine Architekturvision – in Verbindung mit seiner Wertschätzung für gute handwerkliche Verarbeitung und kühne Tragwerke – machte Lautner für talentierte Bauingenieure, Bauunternehmer und Bauleiter zu einem begehrten Partner. Diese Leute gaben seinen Ideen Gestalt und machten das Unmögliche möglich. Wally Niewiadomski, der die meisten Betonbauten von Lautner erstellte, vor allen anderen die Häuser Elrod und „Silvertop", und John de la Vaux, der die Häuser Carling, Deutsch, Harpel und Malin baute, sind in dieser Hinsicht die Hauptfiguren. Das Bauen von Lautners Häusern war sozusagen ein Abenteuer, was beiden Männern entgegenkam, und außerdem schätzten sie seinen scharfen Blick für Details und Verarbeitung.

„Der schöpferische Prozeß ist schweißtreibende Arbeit. Man muß durchhalten können und versuchen, alle möglichen emotionalen, physischen, konstruktiven und naturhaften Elemente unter einem Leitgedanken zusammenzubringen. Unter einer einzigen Idee. Das muß man üben. Da ich es nun seit 50 Jahren geübt habe, kann ich es. Ich kann es jetzt besser steuern als je zuvor."[5]

terrasse ou un toit (les maisons Segel, Arango et Sheats/Goldstein, respectivement). «J'ai tout le projet en tête avant de le mettre sur le papier.»[2] A partir de cette visualisation, il réalisait une simple maquette en carton pour mieux décrire le flux des espaces en trois dimensions qu'il avait conçus. Il trouvait les rendus trompeurs. La maquette communiquait les intentions spatiales du projet à ses clients et aidait ses assistants architectes à mettre au point les dessins techniques.

«Mes clients possèdent tous des personnalités assez fortes, sinon ils ne seraient pas venus me voir, et n'auraient rien fait, ou auraient choisi ce qui se fait, une solution moyenne. Je n'ai pas de solution moyenne, je n'aime pas la moyenne.»[3] Un nombre surprenant de ses clients s'impliquèrent dans la construction de leur maison, en particulier dans les plus petites, celles des débuts. En tant que propriétaire-entrepreneur ou propriétaire-superviseur, les Mauer, Gantvoort, Alexander, Deutsch, Harpel et Malin réagirent positivement à son approche pratique et à son ingéniosité de pionnier typiquement américaine. Kenneth Reiner expérimenta ainsi avec Lautner de nouveaux systèmes de construction dans un atelier de son usine. Mrs. Segel, commentant les rapports de Lautner et de ses clients, s'exclama: «C'est comme si nous avions dansé ensemble.»[4]

S'il refusait une bonne part de l'architecture contemporaine, Lautner n'en était pas moins très informé des recherches d'ingénieurs comme Felix Candela et Pier Luigi Nervi. Sa vision architecturale, combinée à l'intérêt qu'il portait au soin de réalisation et à l'audace des structures, lui attira des ingénieurs, des entrepreneurs et des constructeurs de talent. Ce furent eux qui donnèrent à ses idées leur dimension physique, et rendirent possible l'impossible. Wally Niewiadomski qui réalisa la plupart des constructions en béton de Lautner, en particulier les résidences Elrod et «Silvertop», et John de la Vaux, qui construisit celle des Carling, Deutsch, Harpel et Malin, sont deux personnalités-clés à cet égard. Tous deux s'engagèrent dans l'aventure que représentait ces projets sous le regard sourcilleux que l'architecte posait sur la réalisation et la finition.

«Le processus créatif, c'est de la sueur. La difficulté est de pouvoir tenir et manipuler tout ensemble, tous les éléments émotionnels possibles, mais aussi les éléments physiques, les éléments structurels et naturels, et tenter de faire entrer le tout dans une idée. Une seule idée. Et il faut pratiquer. Comme cela fait 50 ans que je pratique de cette façon, je peux le faire. Mais j'ai un meilleur contrôle des éléments aujourd'hui que jamais auparavant.»[5]

THE FIRST HOUSES
Die frühen Häuser Les premières maisons

Instead of resorting to expensive retaining walls, the Lautner Residence (1940) is supported on steel beams and posts. These are screened by a stud wall, which makes this modest building seem surprisingly monumental when seen from below. It extends into the hillside at the back, creating a sheltered outside garden room. Each major space drops down a level following the site's contours, collected above by the embrace of the monopitch roof projecting into the view.

The roof of the Mauer Residence (1946) operates in a different way. It is structurally independent of the walls, supported on a series of plywood bents, which were prefabricated and erected by a subcontractor to reduce costs. Dr Mauer supervised the rest of the work, filling in the space below where it was required. Parts of the living room and master bedroom rotate out from under the roof's rectilinear grid, letting in light unexpectedly to the fireside alcove from a clerestory opening. The intimacy of the alcove contrasts with the relaxed generosity of the main living room, which pivots through glass doors into the garden courtyard beyond. The interior is proportioned to suit its inhabitants, and its comfortable scale and materials do not dictate the position or choice of furniture.

The Gantvoort Residence (1947) utilises the same principles with prefabricated, bow-shaped steel roof trusses.

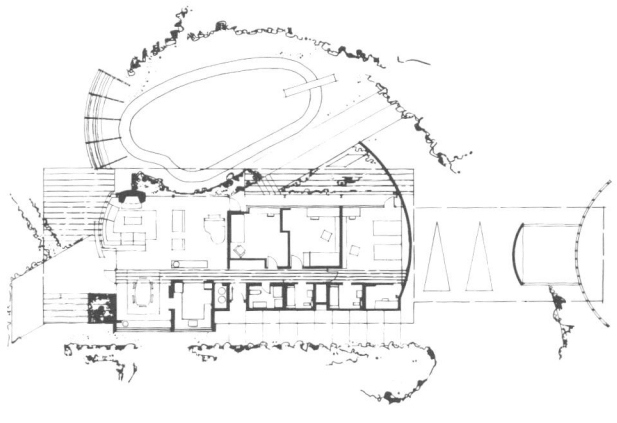

Gantvoort House, Flintridge, California, 1947
Plan, Grundriß, Plan

Statt teure Stützmauern einzusetzen, verwendete Lautner für sein eigenes Haus (1940) Stahlstützen und -träger. Sie werden von einer Ständerwand verdeckt, die das Haus von unten gesehen erstaunlich „monumental" erscheinen läßt. Eine geschützte Terrasse und ein überdachter Autostellplatz befinden sich an der Hangseite des Hauses. Jeder größere Raum liegt dem Geländeniveau folgend etwas tiefer, wobei alle unter einem zum Tal geneigten Pultdach gruppiert sind.

Das Dach des Hauses Mauer (1946) ist im Gegensatz dazu eine von Wänden unabhängige Konstruktion, gestützt von einer Reihe von Sperrholzbindern, die aus Kostengründen von einem Subunternehmer vorgefertigt und aufgestellt wurden. Dr. Mauer überwachte den Rest der Arbeiten und füllte, wo nötig, die Zwischenräume aus. Teile des Wohnraums und des Elternschlafzimmers sind aus dem rechtwinkligen Raster des Daches gedreht, so daß überraschenderweise die Kaminecke durch ein Oberlicht erhellt wird. Die Intimität dieses Alkovens kontrastiert mit der lässigen Großzügigkeit des Hauptwohnraums, der sich mittels Glastüren in den angrenzenden Gartenhof erweitern läßt. Die Proportionen des Hauses sind auf die Bedürfnisse der Bewohner zugeschnitten, die bequeme Größe und die Materialien diktieren nicht Position und Art der Möbel.

Das Haus Gantvoort (1947) ist nach den gleichen Prinzipien mit vorgefertigten, linsenförmigen Stahlbindern gebaut.

Au lieu de s'appuyer sur de coûteux murs de soutènement, la Lautner Residence (1940) repose sur des piliers et des poutres d'acier. La structure est dissimulée par un mur à poteaux qui donne à cette modeste construction une allure étonnamment monumentale lorsqu'on la regarde du bas. Elle se développe vers l'arrière, directement dans le flanc de la colline à l'angle duquel a été créé un petit jardin clos et abrité. Les espaces principaux sont étagés pour se conformer au profil du terrain, sous la protection du toit à une seule pente qui se projette vers la vue.

Le toit de la Mauer Residence (1946) fonctionne d'une manière différente. Structurellement indépendant des murs, il repose sur une série de portiques en contreplaqué préfabriqués et montés sur place par un sous-traitant pour diminuer les coûts. Le Dr. Mauer supervisa le reste du travail, et aménagea l'espace ainsi protégé en fonction de ses besoins. Certaines parties du séjour et de la chambre principale échappent à la trame orthogonale du toit par pivotement, tout en dégageant une verrière zénithale qui éclaire de manière inattendue «l'alcôve» du coin de la cheminée. L'intimité de celle-ci contraste avec la générosité décontractée du grand séjour qui se prolonge à travers des portes de verre dans la cour-jardin. Adaptés au style de vie de ses habitants, les proportions confortables et les matériaux intérieurs ne déterminent ni la position ni le choix du mobilier.

La Gantvoort Residence (1947), fait appel aux mêmes principes, mais avec une charpente en poutres en arc d'acier préfabriquées.

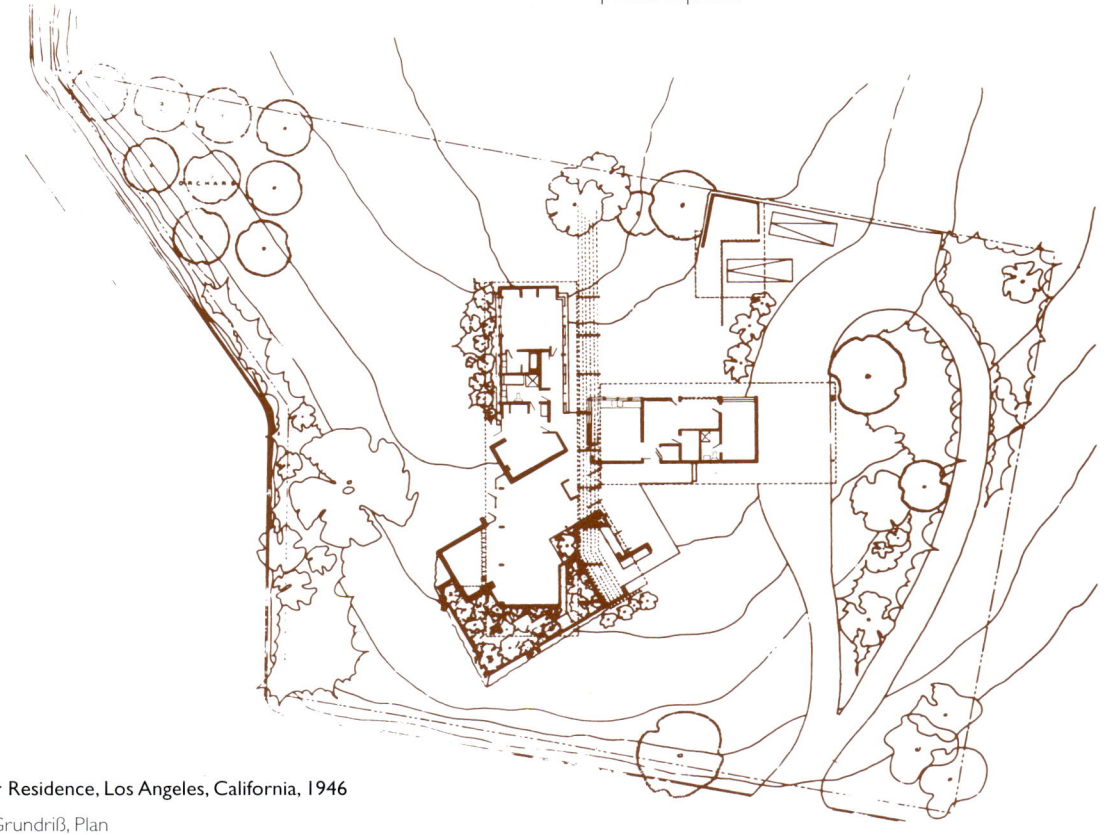

Mauer Residence, Los Angeles, California, 1946
Plan, Grundriß, Plan

LAUTNER

House for Mr and Mrs John Lautner
Los Angeles, California, 1940
Plan and elevations, Grundriß und Aufrisse,
Plan et élévations

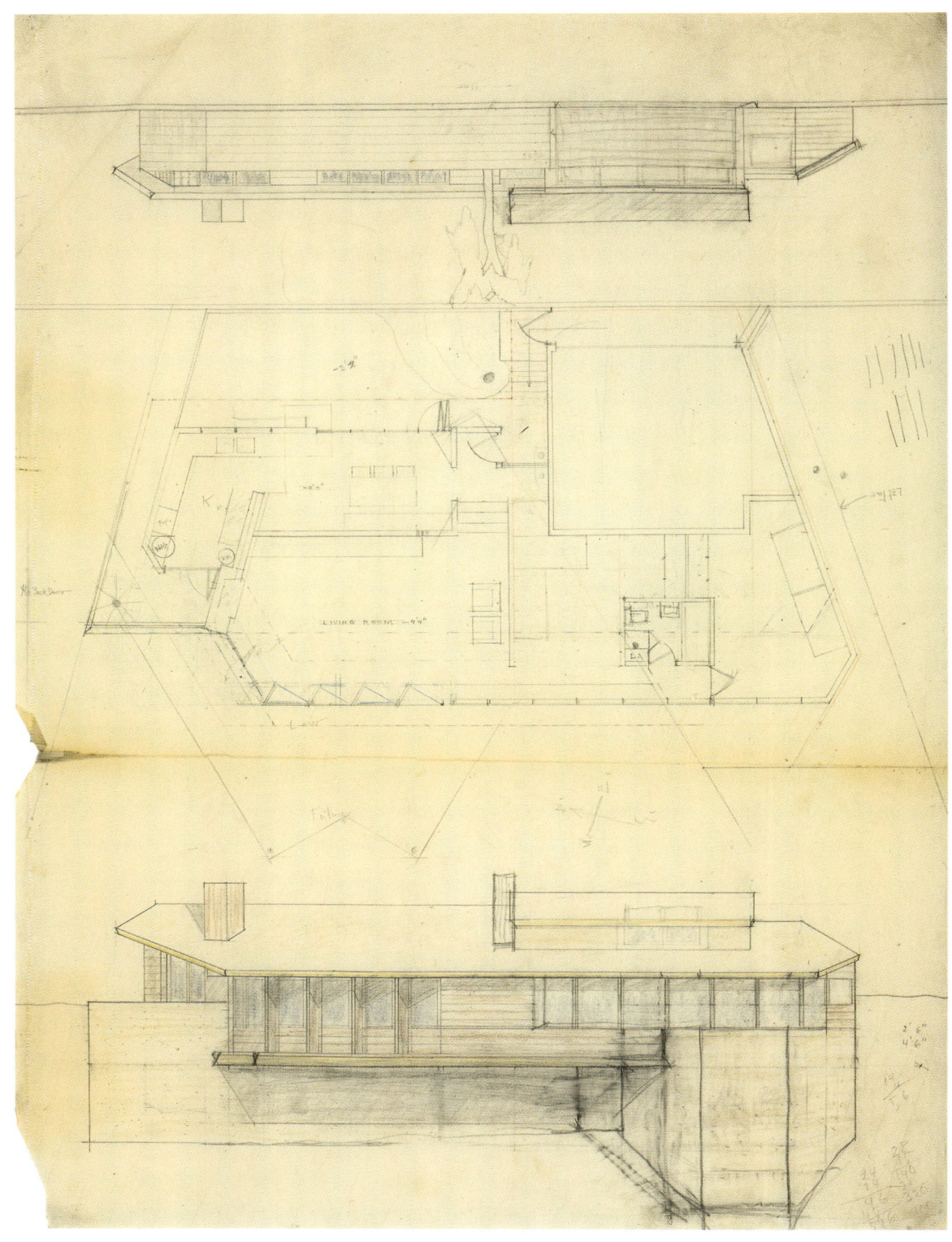

View from below
Ansicht von unten
Vue en contre-plongée

Interior view from the living room looking up towards the kitchen
Innenansicht mit Blick vom Wohnzimmer zur Küche auf der oberen Ebene
La cuisine vue du séjour

MAUER

House for Dr and Mrs Edgar F. Mauer
Los Angeles, California, 1946

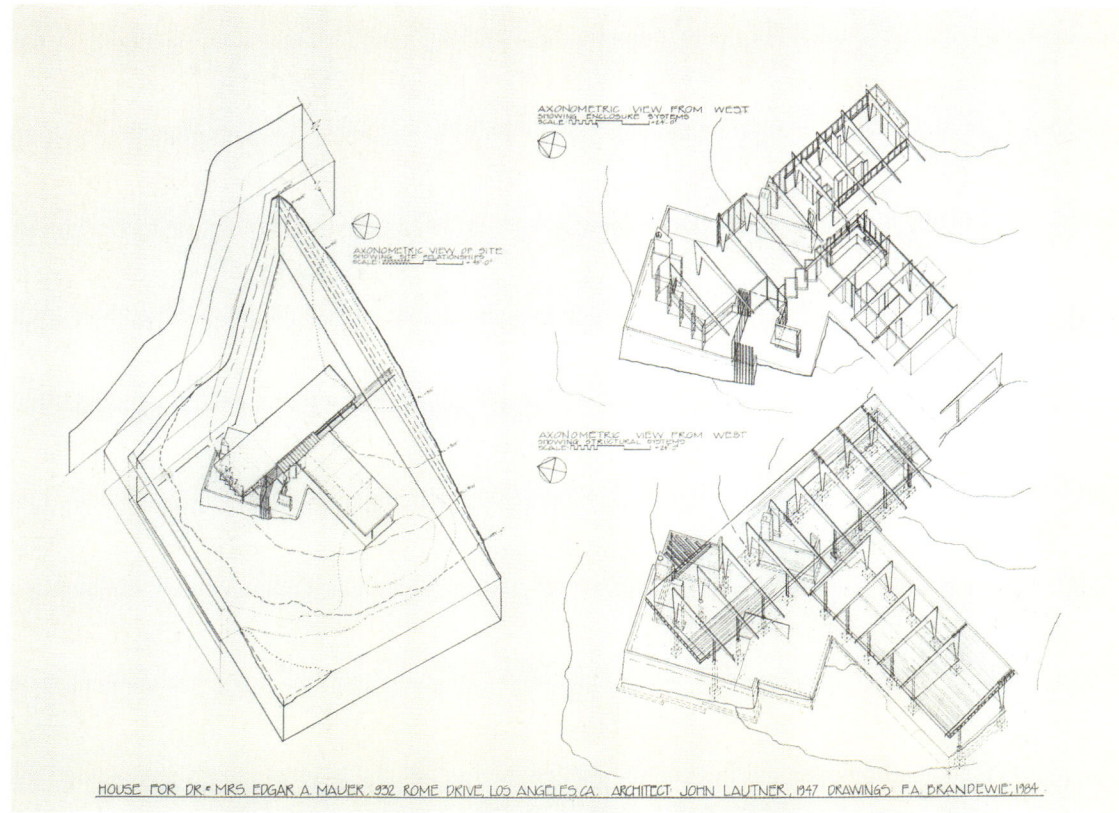

The independent roof structure at the Mauer Residence allows flexibility of enclosure below and creates a sloping ceiling assisting natural ventilation. The striped skylights create a softening light transition between inside and outside.
Die freistehende Dachkonstruktion ermöglichte eine variable Gestaltung des Raumabschlusses. Das Dach ist leicht geneigt, was die natürliche Be- und Entlüftung erleichtert. Die Oberlichtbänder sorgen für einen allmählichen Übergang von der Innen- zur Außenlichtatmosphäre.
La structure indépendante du toit à charpente de la Mauer Residence permet un aménagement souple de l'espace qu'elle recouvre. Le plafond en pente contribue à la ventilation naturelle. La verrière en bandeaux crée une transition lumineuse entre l'intérieur et l'extérieur.

View towards the garden end of the living room
Blick durch das Wohnzimmer in den Garten
Vue du séjour vers le jardin

View from hall into the kitchen
Blick vom Eingangsbereich in die Küche
La cuisine vue du hall d'entrée

Exterior view of the living room and planted terrace
Gesamtansicht der Gartenseite des Hauses mit erhöhter bepflanzter Terrasse vor dem Wohnraum
Le séjour et la terrasse plantée vus de l'extérieur

GANTVOORT

House for Mr and Mrs W. F. Gantvoort
Flintridge, California, 1947

Living room looking towards bedroom wall. The house was designed to suit Mr Gantvoort's collection of teakwood furniture from Java.
Blick vom Wohnraum zur Schlafzimmerwand. Das Haus wurde so geplant, daß Mr. Gantvoorts Sammlung javanischer Teakholzmöbel darin Platz fand.
Vue du séjour vers le mur de séparation de la chambre. La maison a été conçue pour recevoir le mobilier en tek de Java que collectionne M. Gantvoort.

Structural engineer Edgardo Contini's drawing for the roof structure of bowed lightweight steel trusses supported by inclined steel columns to take horizontal and vertical loads. Mr Gantvoort acted as contractor on the entire job.
Edgardo Continis Bauzeichnung zeigt die Dachkonstruktion aus filigranen, leicht gekrümmten Stahlfachwerkträgern auf geneigten

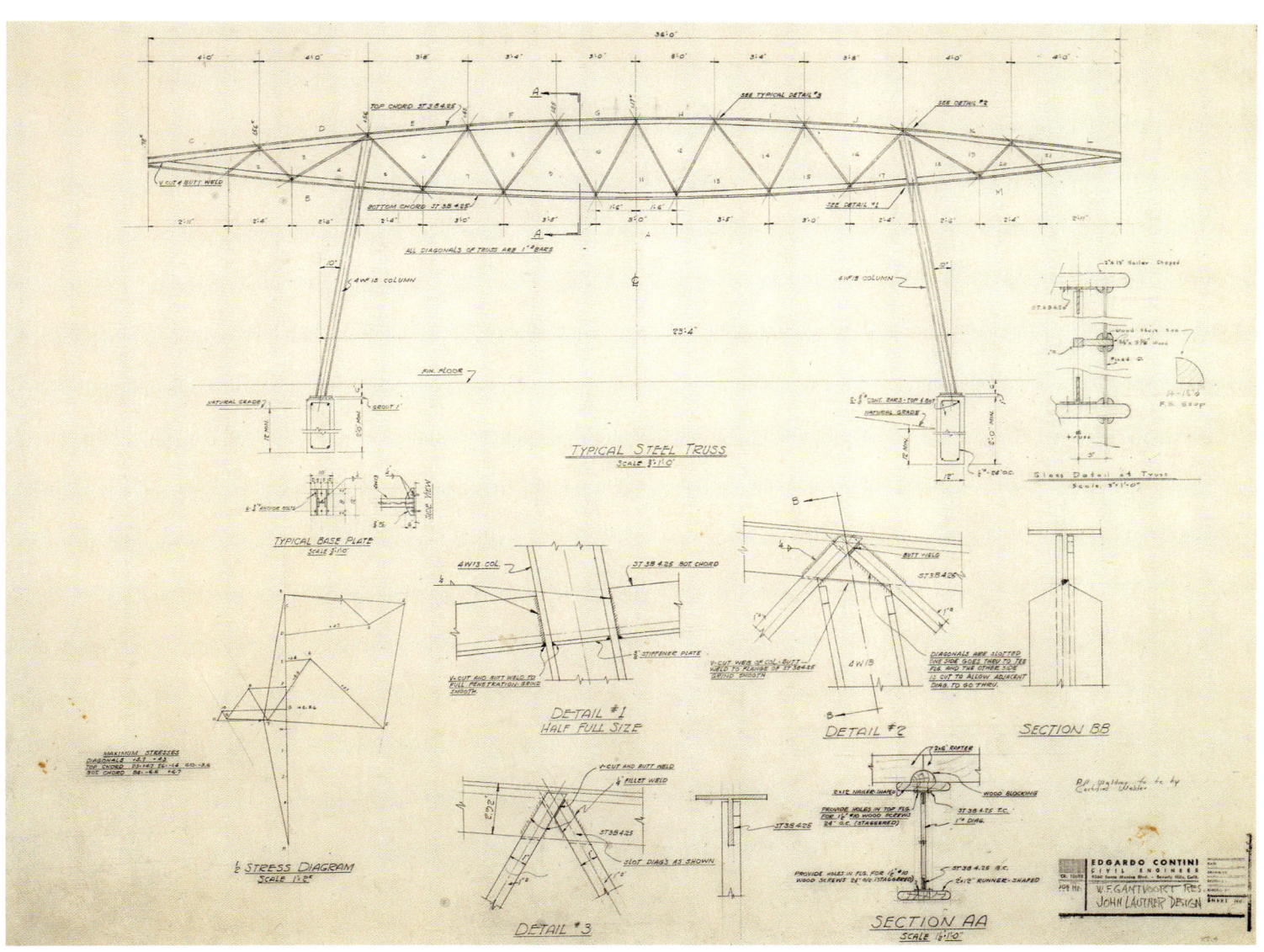

Stahlstützen, die sowohl horizontale als auch vertikale Lasten tragen. Mr. Gantvoort fungierte als Bauunternehmer für alle Bauarbeiten.
Dessin de l'ingénieur Edgardo Contini pour la charpente des poutres d'acier en aile d'avion, soutenues par des colonnes d'acier inclinées afin de recevoir les charges horizontales et verticales. M. Gantvoort fut le maître d'ouvrage pour l'ensemble des travaux.

View from living room out to covered terrace

Blick vom Wohnzimmer auf die überdachte Terrasse

Le séjour et la terrasse couverte

Exterior view at entrance to living room. The wooden trellis provides lateral support at the bottom of the trusses and creates a shady perimeter.
Außenansicht des Eingangs zum Wohnzimmer. Das hölzerne Schattendach sorgt für die seitliche Aussteifung der Konstruktion und zugleich für die Beschattung der Hauswand.
L'entrée du séjour, vue de l'extérieur. Les pare-soleil de bois fournissent un raidissement latéral en extrémité de charpente et créent un périmètre ombragé.

FIRST MAJOR WORKS
Die frühen bedeutenden Werke   Premières grandes réalisations

A light hexagonal roof perches over the main living room space of the Carling Residence (1947) on tripod supports. The roof structure of the side wing marches to its own rhythm, while the walls, shelves and internal planting arrange themselves around the support columns, and articulate the roof edges with a dancing in-and-out line. The cadence of the steps, deck, pool and contours creates a contraction and release of space that moves from the outside with subtle gradations of level into the main living space, and then through to the partitioned-off private accommodation, all gathered by the anchoring shape of the hexagonal roof.

It is with sensitivity to this flow that Lautner has placed walls, changed material or opened up to a view, rather than in response to some abstract numerical imperative. This explains the lasting attraction of the places he made.

Outside, the roof works as a new hilltop, a built extension to the natural contours of the site. Inside, its strong form unifies the shifting shapes and changes in level. Lautner repeated this economical roof structure, eminently suited to sloping sites, for the Polin and Jacobsen Residences, both built in 1947.

Each small unit of the Desert Hot Springs Motel (1947) is made to seem bigger than it is by the way in which space is coiled down into it through the skins of the enclosure and the manipulations of the ground and roof levels. Cool top-lit spaces are made inside the exoskeleton of jagged walls and spiky steel superstructure. The suspended gunite roof slab angles open to the sky, seen through a clerestory. An inclination of the party wall turns the space around, over a raised platform of turf for deckchairs, to meet the view. The whole forms a protective line of defence in this harsh, windy environment, characterized by its low-lying silhouette, where the broken shapes of the steels of the roof structure repeat the rhythm of the fissured mountain crags beyond.

As an introduction to the plan of the Schaffer Residence, the Bell Residence (1940) appears to display references to the work of Frank Lloyd Wright. Yet instead of Wright's pinwheels of directional lines unfolding from the fulcrum of the hearth, Lautner's plan comprises two distinct parts, which are connected together by a glassy loggia. His organization creates freedom rather than a set of self-reinforcing rules, and develops further in the Schaffer Residence, which comprises still more distinct but interrelated parts.

The Schaffer Residence, built in 1949, lies amongst the oak trees of a wooded picnic site frequented by the family. The internal spaces are sketched with a deft yet informal minimalism inside a compound described by redwood fencing. Daylight and sunlight penetrate through the gaps between the fencing boards, dematerializing its boundary.

The hourglass shape of the main space – part extrovert living room, part introvert walled garden – is produced

Ein leichtes, sechseckiges Dach schwebt über dem Wohnraum des Hauses Carling (1947), an drei Ecken von Stahlstützen gehalten. Die Dachkonstruktion der Nebenräume folgt ihrem eigenen Rhythmus, während die Wände, Regale und Pflanzbereiche im Hausinnern um die Stützen herum angeordnet sind und die Dachkanten mit einer vor- und zurückspringenden Linie akzentuieren. Die Kadenz aus Stufen, Ebenen, Schwimmbecken und Umrissen erzeugt einen sich zusammenziehenden und dann wieder öffnenden Gesamtraum, der sich von außen stufenweise bis in den Hauptwohnraum und dann weiter bis in die von Wänden umschlossenen Schlafzimmer hineinzieht, alles zusammengehalten von der sechseckigen Dachform.

Mit feinem Gespür für dieses Fließen des Raums plazierte Lautner die Wände, nutzte wechselnde Materialien oder öffnete die Räume zu einer Aussicht statt sich nach abstrakten Größenvorgaben zu richten. Das erklärt die nachhaltige Attraktivität seiner Bauten.

Von außen wirkt das Dach wie eine gebaute Erweiterung der natürlichen Geländekonturen auf der Spitze des Hügels. Im Inneren hält seine starke Form die springenden Kanten und unterschiedlichen Ebenen zusammen. Lautner griff diese kostengünstige Dachkonstruktion, die besonders für Häuser am Hang geeignet ist, 1947 bei den Häusern Polin und Jacobsen wieder auf.

Jede kleine Einheit des Desert Hot Springs Motel (1947) erscheint größer als sie in Wirklichkeit ist, und zwar durch die Art, wie Weite durch die Schichten der Außenhülle hereingeholt wird und wie Boden und Dach in der

Un toit hexagonal léger accroché à des supports tripodes flotte au-dessus du volume de la grande salle de séjour de la Carling Residence (1947). La structure du toit de l'aile latérale suit son rythme propre, tandis que les murs, les bibliothèques et les plantations intérieures s'organisent autour des colonnes de soutien, et déterminent le profil dansant, tout en retraits et avancées, de la bordure du toit. La cadence des marches, de la terrasse, du bassin et des profils crée une contraction et une dilatation de l'espace qui se déploie de l'extérieur dans le grand espace de séjour par de subtiles gradations de niveau, et se poursuit jusqu'à la zone cloisonnée des chambres, le tout réuni sous la forme bien ancrée du toit hexagonal.

C'est en fonction de la prise en compte sensible de ce flux, que Lautner a implanté les murs, modifié les matériaux ou cadré une vue, plutôt que pour répondre à de quelconques impératifs chiffrés abstraits. C'est l'explication de la séduction durable des lieux qu'il a créés.

A l'extérieur, le toit fonctionne comme s'il était le nouveau sommet de la colline, en extension du profil naturel du site. A l'intérieur, sa forme puissante unifie le glissement des formes et des changements de niveaux. Lautner reproduira cette structure de toit économique, parfaitement adaptée aux sites en pente, dans les résidences Polin et Jacobsen, toutes deux de 1947.

Chaque petite unité du Desert Hot Springs Motel (1947) semble plus grande qu'elle n'est grâce à la façon dont l'espace s'enroule à l'intérieur d'elles au moyen de la «peau» de la clôture et la manipulation des niveaux du sol

Carling Residence, Los Angeles, California, 1947
Plan, Grundriß, Plan

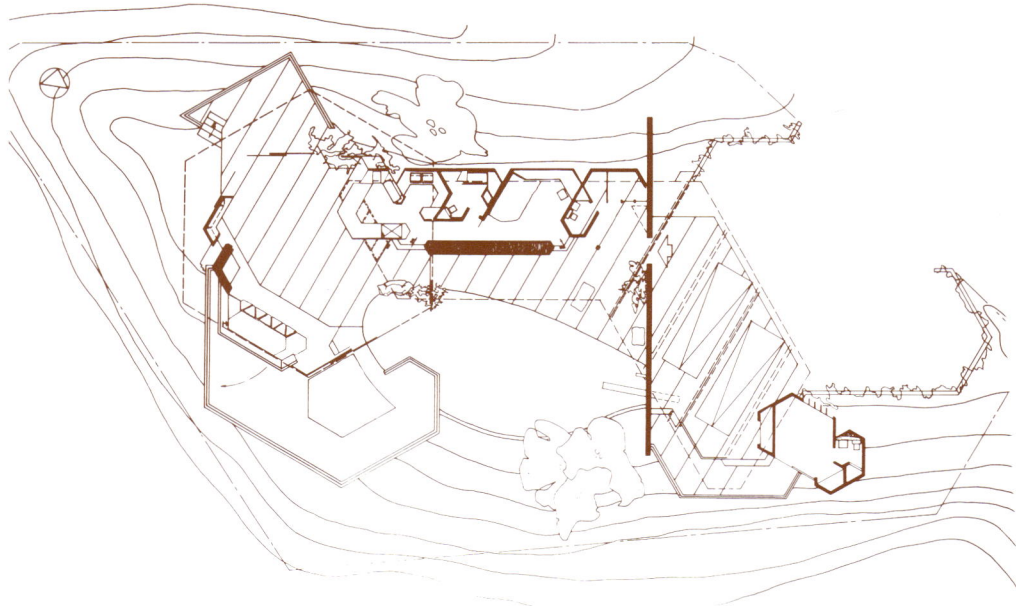

Schaffer Residence, Montrose, California, 1949

Plan, Grundriß, Plan

by the accommodation wings levering in like a pair of scissors and the poised position of the fireplace. Space is pushed out to the sides of the chimney by the angling roofs above the kitchen and dining room, to views of trees and sky. The 2ft wide concrete strips of the formal entrance path become, at the end of the house, a playful forest-edge boardwalk. A congress of roofs, sliding past each other yet also somehow agglomerating, accentuates the atmosphere of a clearing in the forest.

Höhe verspringen. Kühle, durch Oberlichter erhellte Räume entstanden innerhalb des Außenskeletts aus gezackten Mauern und kantigen Stahlgerüsten. Die davon abgehängten Dachplatten aus Torkretbeton steigen an und geben seitlich den Blick auf die Berge frei. Eine Neigung der Zwischenwände schottet jeweils die höhergelegene Rasenterrasse ab. Hier stehen Gartenliegen, und man kann die Aussicht genießen. Der gesamte Komplex mit seinem geduckten Profil bietet Schutz und Zuflucht vor den starken Winden in dieser Gegend, und die wie gebrochen wirkenden Stahlträger greifen die zerklüfteten Bergformen der Landschaft auf.

Das Haus Bell (1940) wirkt wie ein Vorgriff auf den Grundriß des Hauses Schaffer; es scheint sich auf das Werk Frank Lloyd Wrights zu beziehen. Statt jedoch Wrights radialer Raumanordnung zu folgen, die vom Zentrum des offenen Kamins ausgeht, plante Lautner zwei separate Bereiche mit einer verglasten Loggia als Verbindungsstück. Seine Anordnung schafft mehr Freiheit als Ordnung, und Lautner entwickelte diesen Grundriß beim Haus Schaffer weiter, das noch mehr gleichzeitig getrennte und doch miteinander in Beziehung stehende Bereiche aufweist.

Das Haus Schaffer (1949) steht zwischen großen alten Eichen auf einem waldigen Picknickplatz, den die Familie häufig aufsuchte. Die Innenräume sind geschickt in einer Art ungezwungenem Minimalismus in die Hülle komponiert, die mit Rottanne verschalt ist. Tages- und Sonnenlicht dringen durch die Spalten zwischen den Planken, was die Umgrenzung des Hauses entmaterialisiert.

Der sanduhrförmige Grundriß des Hauptraums, zum Teil nach außen orientierter Wohnbereich, zum Teil nach innen ausgerichteter Gartenhof, ergibt sich aus den scherenförmig zusammengefügten beiden Flügeln und der Plazierung des Kamins. Der Raum wird scheinbar von den nach oben aufsteigenden Dächern über Küche und Eßbereich zu beiden Seiten des Kamins bis in die Baumkronen und den Himmel erweitert. Die 60 cm breiten Betonstreifen des zum Vordereingang führenden Weges werden auf der Rückseite zu einer spielerischen Waldpromenade. Das Dach besteht aus mehreren, sich zum Teil überlappenden Ebenen, die zusammen die Atmosphäre einer Waldlichtung verstärken.

et du toit. Des espaces protégés de la chaleur et à éclairage zénithal indirect sont aménagés dans l'exosquelette décrit par les murs dentelés et la superstructure en acier hérissée. La dalle de toit suspendu en gunite s'ouvre vers le ciel à travers une verrière. L'inclinaison du mur de partition fait tourner l'espace au-dessus d'une plate-forme surélevée prévue pour des chaises longues, qui va à la rencontre de la vue. L'ensemble forme une ligne de défense protectrice face à un environnement rude et venteux, et se caractérise par sa silhouette basse dans laquelle les formes brisées des aciers de la structure du toit répètent le rythme des rochers fracturés que l'on aperçoit derrière.

En introduction au plan de la Schaffer Residence, la Bell Residence (1940) semble afficher des références à l'œuvre de Frank Lloyd Wright. En revanche, à la place du plan en roue attendu qui se déploierait à partir de l'âtre, se révèle une disposition en deux parties distinctes réunies par une loggia de verre. Cette organisation génère une grande liberté et non pas un ensemble de règles condamnées à la rigidité. Elle se développera encore davantage dans la Schaffer Residence composée d'un plus grand nombre de parties encore mais toujours liées.

La Schaffer Residence (1949) s'étale entre les chênes d'un site boisé où la famille Schaffer avait l'habitude de venir en pique-nique. Les espaces internes s'esquissent dans une approche minimaliste habile mais informelle à l'intérieur d'une enceinte délimitée par une clôture en bois rouge. La lumière du jour et le soleil pénètrent à travers les espaces ménagés entre les planches qui dématérialisent d'autant l'effet de limite.

La forme en sablier de l'espace principal – en partie séjour extraverti et en partie jardin clos introverti – naît du croisement en ciseaux des ailes des chambres et des services et de la position centrée de la cheminée. L'espace est repoussé vers les côtés de celle-ci par les toits qui s'inclinent au-dessus de la cuisine et de la salle à manger, et dégagent des vues sur le ciel et les arbres. Les bandes de béton de 60 cm de large qui constituent l'allée d'entrée se transforment, à l'autre extrémité de la maison, en un cheminement de planches en lisière de forêt. Le jeu des toits, qui glissent les uns par-dessus les autres tout en s'additionnant d'une certaine façon, accentue l'atmosphère de clairière en forêt.

CARLING

House for Mr Foster Carling
Los Angeles, California, 1947

Night view from across pool looking into the living and dining room. The glass front wall of the living room has been slid open and the wall-seat to the left pivoted out to enjoy the uninterrupted 360 degree view.

Ansicht des Hauses in der Dämmerung mit Blick über das Schwimmbecken in das große Wohn- und Eßzimmer. Die raumhohen Glastüren des Wohnzimmers sind beiseite geschoben, und die Wandbank links im Bild ist herausgedreht worden, so daß man von dort den freien Ausblick genießen kann.

Le séjour et la salle à manger vus, la nuit, de l'extrémité de la piscine. Le mur de verre coulissant du séjour est ouvert, et la banquette murale de gauche pivote quand on veut bénéficier d'une vue panoramique.

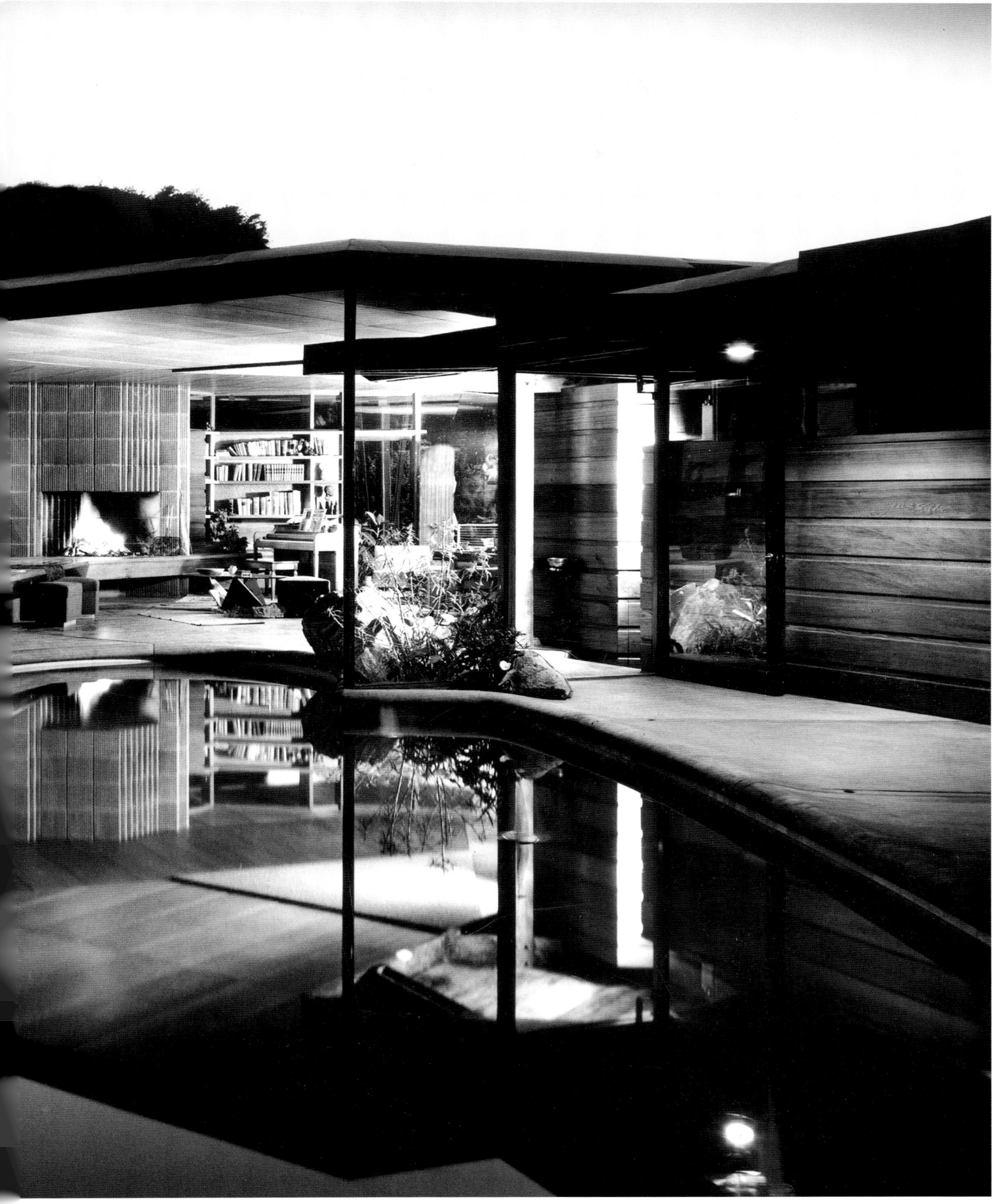

Outside view of wall to bedroom into the living room under the eaves of the side wing, with the roof to the main space projecting above. Note the slot for the living room sliding glass wall in the side of the swimming pool.

Blick in den Wohnraum und auf die Außenwand des Schlafzimmers im Seitenflüge (rechts im Bild). Das vorkragende Dach des Hauptraums ist darüber zu sehen. Die Glasschiebetüren des Wohnzimmers können in den Wandschlitz neben dem Schwimmbecken geschoben werden.

Vue extérieure du mur de la chambre vers le séjour sous l'auvent de l'aile latérale, le toit de l'espace principal se projetant en surplomb. Noter la fente dans le rebord de la piscine prévue pour recevoir le mur de verre coulissant du séjour.

View from raised level beside fireplace looking out to view

Blick von der erhöhten Ebene neben dem Kamin in Richtung Garten

Le niveau surélevé devant la cheminée, sur fond de paysage

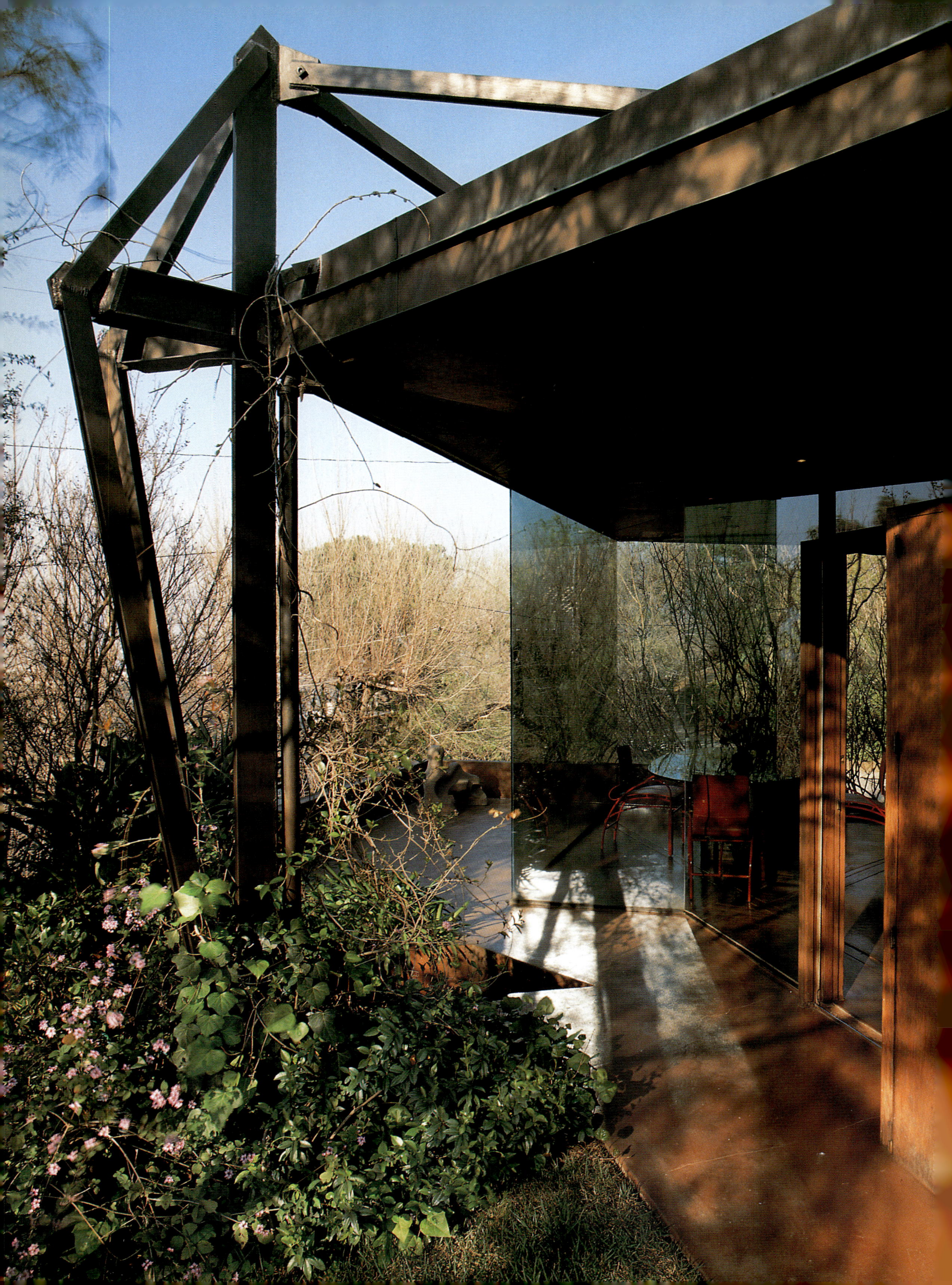

Opposite: Three supports carry the hexagonal roof of the main space.
Linke Seite: Ein Dreibein trägt das sechseckige Dach des Hauptraums.
Page de gauche: Trois piliers soutiennent le toit hexagonal de l'espace principal.

Above: Exterior views showing how the terraces and roofs of the Carling Residence work with the contours of the site to make a "new" hilltop.
Oben: Die Terrassen und Dächer des Hauses Carling wirken mit den Geländekonturen zusammen, um eine „neue" Hügelkuppe zu erzeugen.
Ci-dessus: Les terrasses et les toits de la Carling Residence s'adaptent au site et contribuent à créer un «nouveau» sommet de la colline.

DESERT HOT SPRINGS MOTEL

Motel for Lucien Hubbard
Desert Hot Springs, California, 1947

Above: View from inside unit to steps leading to the outside terrace. Light enters the room from the gap between the wall and roof.
Oben: Blick aus einer Wohneinheit auf die Stufen zur Außenterrasse. Tageslicht fällt durch das seitliche Oberlicht zwischen Dach und Mauer ein.
Ci-dessus: Une chambre avec l'escalier menant à la terrasse extérieure. La lumière pénètre dans la pièce par le bandeau ouvert entre le mur et le toit.

Opposite: View of terrace. The roof overhang and high walls provide protection from the desert winds and sun.
Rechte Seite: Blick auf eine Terrasse. Der Dachüberstand und die hohen Mauern schützen vor Wüstenwind und Sonne.
Page de droite: La terrasse. Le toit débordant et les hauts murs protègent des vents du désert et du soleil.

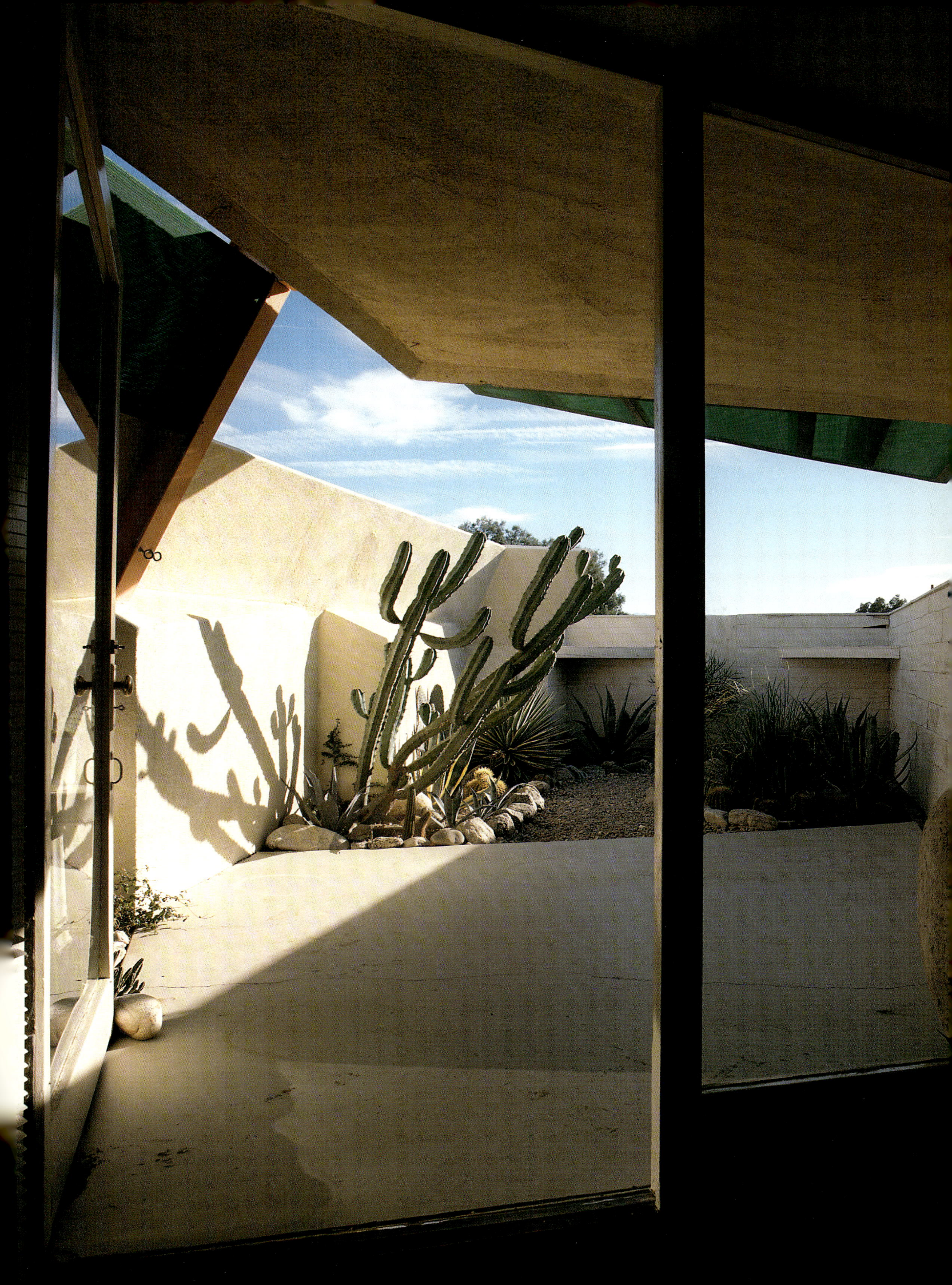

View from an enclosed terrace into a unit, showing the angular steel external structure to the suspended gunite roof-slab. The jagged shape of the gunite walls makes them self-supporting.
Blick von einer Terrasse in eine Motelwohnung. Das auf der einen Seite außenliegende Tragwerk aus kantigen Stahlträgern geht über dem Zugang in das Torkretbetondach über. Aufgrund ihrer Zickzackform müssen die Einfassungsmauern nicht zusätzlich ausgesteift werden.
Vue d'une terrasse fermée, montrant la structure externe angulaire en acier sous le toit suspendu en gunite. La forme dentelée des murs en gunite les rend autoporteurs.

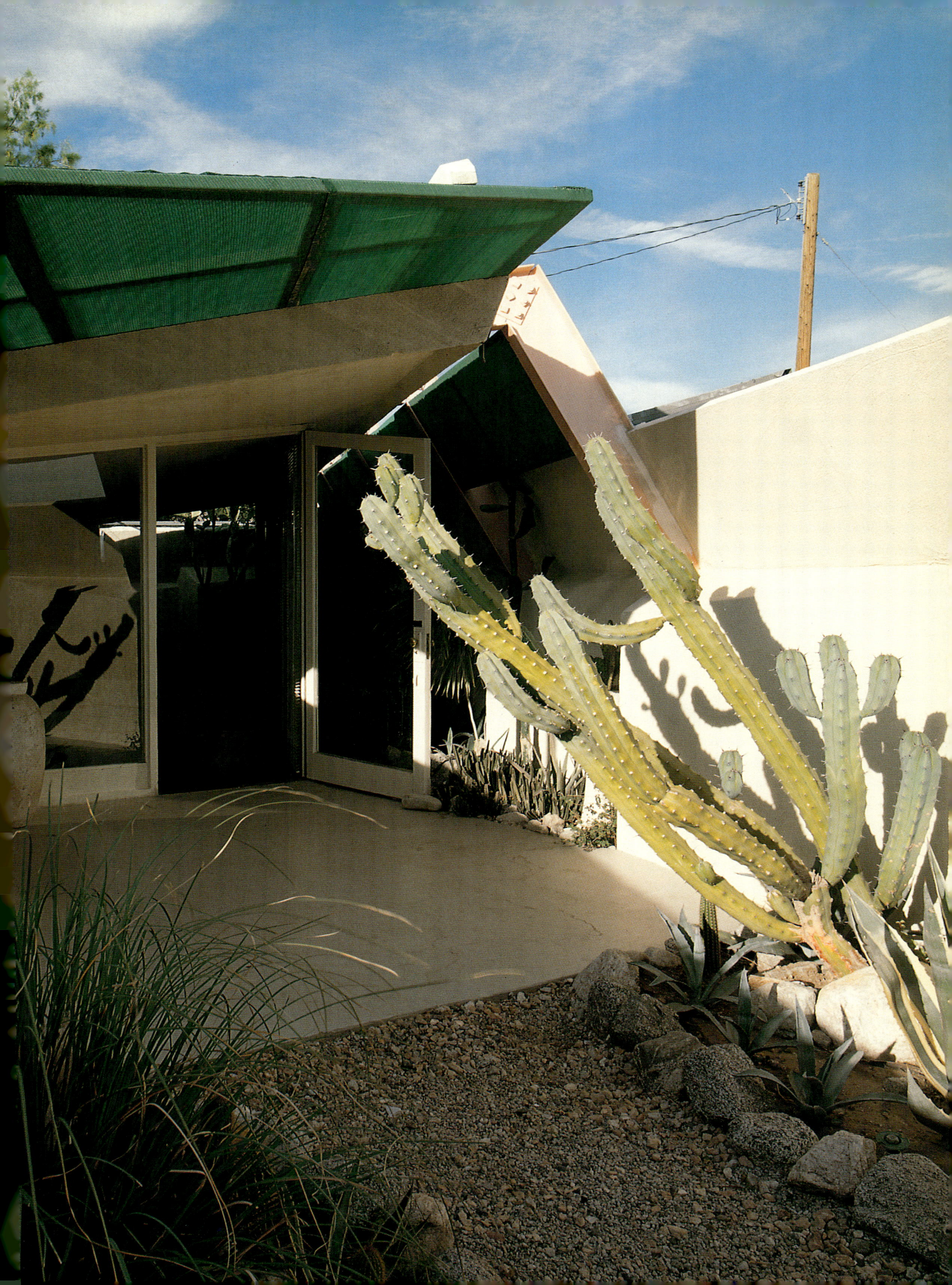

Exterior view of the Desert Hot Springs Motel.
The roofs echo the fissures of the mountains
behind.
Gesamtansicht des Desert Hot Springs Motel.
Die Dächer wirken wie eine Nachahmung der
Bergkonturen im Hintergrund.
Le Desert Hot Springs Motel vu de 'extérieur.
Le toit rappelle le profil des montagnes du fond.

View of the swimming pools

Ansicht der Schwimmbecken

Vue de la piscine

SCHAFFER

House for Mr and Mrs J. W. Schaffer
Montrose, California, 1949

Opposite: View from living room to outside terrace. The full-height opening doors accentuate openness.
Rechte Seite: Blick vom Wohnraum auf die Terrasse. Die raumhohen, drehbaren Glastüren betonen die Offenheit.
Page de droite: La terrasse vue du séjour. Les portes toute hauteur accentuent l'effet d'ouverture.

Above: View from outside terrace towards the living room
Oben: Blick von der Außenterrasse in Richtung Wohnzimmer
Ci-dessus: Le séjour vu de la terrasse

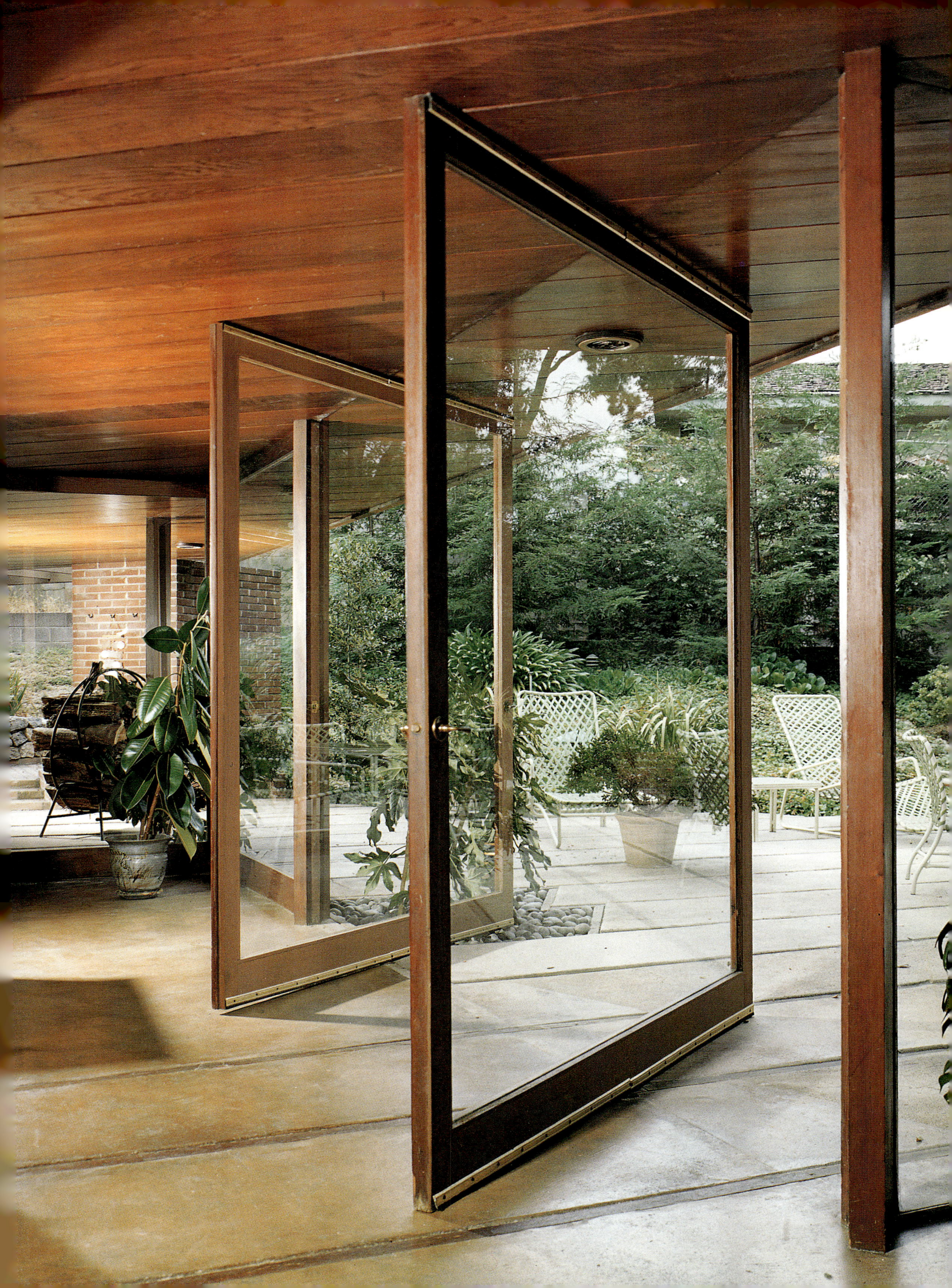

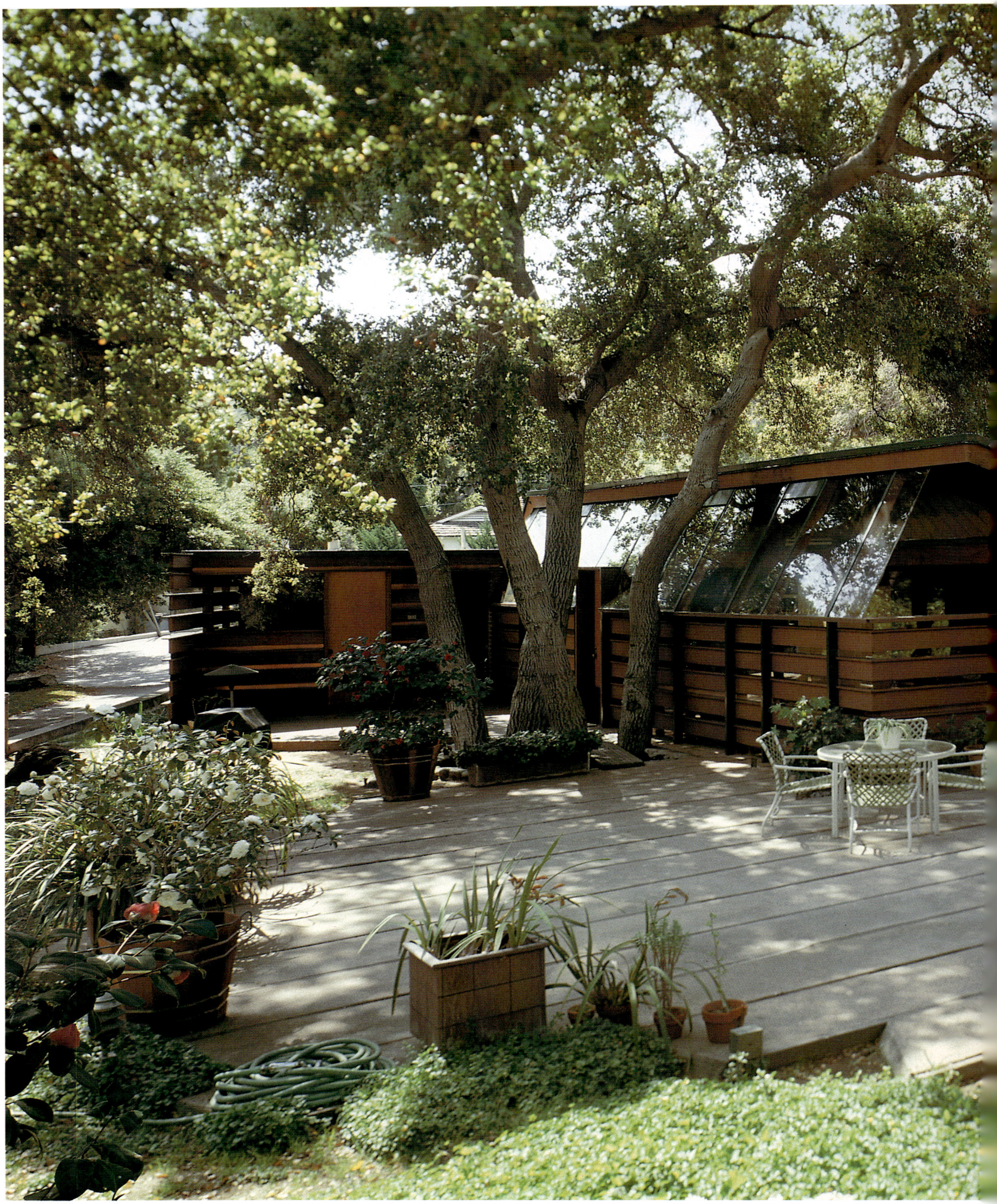

49

Preceding overleaf: View from the terrace. Redwood is used throughout. Two by eight redwood screens are used around the perimeter of the building as fence, siding or alternated with glass as for the kitchen wall.

Vorhergehende Doppelseite: Gartenansicht mit großer Wohnterrasse. Das Haus besteht weitgehend aus Rottanne, im Wechsel mit Schiebeverglasungen wie etwa in der Küche.

Double page précédente: La terrasse. Le bois rouge est omniprésent. Des écrans en bois rouge sont utilisés pour clore le périmètre en barrières, accompagnées ou alternées de verre comme pour le mur de la cuisine.

Left: Interior view towards the glass and timber wall of the kitchen and dining area. The screen on the left divides the passage from the living room.

Links: Innenansicht mit Blick auf die Wand aus Glas und Rottanne zwischen Küche und Eßplatz. Vor der Trennwand links im Bild der Durchgang zum Wohnraum.

A gauche: La cloison de bois et de verre entre la cuisine et la salle à manger. L'écran de gauche sépare le passage du séjour.

Right: View of the kitchen from the corner of the dining area

Rechts: die Küche von der Ecke des Eßbereichs aus gesehen

A droite: La cuisine vue de l'angle de la salle à manger

50

Interior view of the kitchen dining area where the roof opens out to the trees
Innenansicht von Küche und Eßecke, wo sich das Dach in Richtung Baumkronen aufschwingt
L'intérieur de la cuisine/salle à manger, avec le toit relevé vers les arbres

THE LOW COST HOUSES
Die kostengünstigen Häuser Les maisons à faible budget

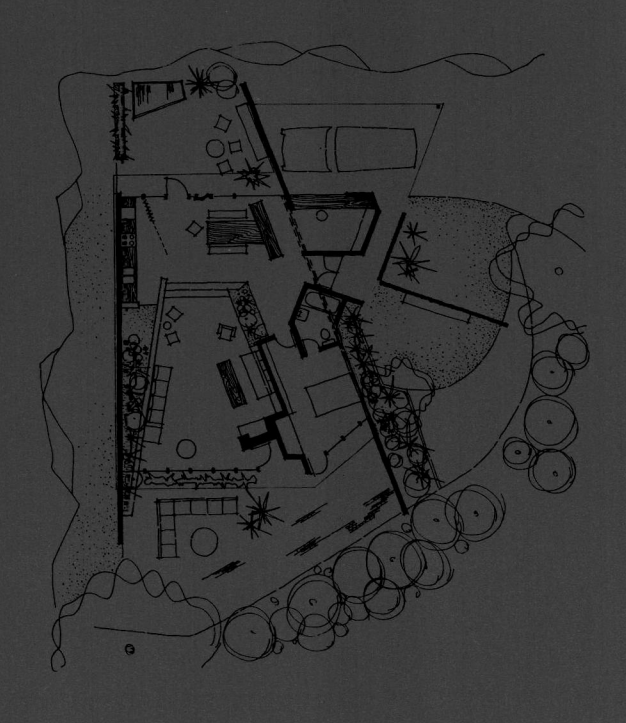

Bergren Residence, Hollywood, California, 1953
Plan, Grundriß, Plan

The Foster Residence (1950) and the Bergren Residence (1953) are two small economical buildings that seem bigger than they are. Both compact houses with only one bedroom, they offer both an intimacy and an expansiveness seen in some of Lautner's larger, more complex and expensive projects.

The Foster Residence stands on the hillside on concrete columns, again avoiding the expense of retaining walls, just touching the hill by the front door. It is difficult to ascertain the scale of the roadside facade, as the long strip windows hide themselves in the horizontal timber cladding, and the wall disappears around a curve at one end without a corner fullstop. By contrast the opposite side of the house opens up to expansive views of the landscape below.

The Foster Residence is the one of the first projects where one enters directly into the main space of the house. However, one does not immediately confront the view. The entry threshold is succinctly defined by a built-in cupboard and table. Foster then uses the same general plan organization as the Carling Residence, with the trajectory of the accommodation wing culminating in the "head" of the living room. In a measured sweep, Lautner rotates the simple monopitch roof about the central column of the main room, pivoting the movement of space to the outside. The encirclement of the roof turns the focus of the house to the view, and creates an opportunity to provide large expanses of glass and an outside terrace.

By comparison the Bergren Residence has freer walls, which angle open to the view below while enclosing a kitchen-dining room and outside patio behind. The walls, unusually, run perpendicular to the contour lines. The butterfly roof slopes down at an offset geometry to the shared main wall of the house which provides an anchor for the raised floor of the living room. This floor is freed from the taller wall opposite as the ground level drops into an internal planted strip.

The bulk of the chimney increases as it gets higher, as the main wall of the house to which it is connected leans back. Through the weight of the chimney, complemented by the manipulation of the roof angles and floor levels, Lautner creates an hiatus to the outwards expulsion of space. The tension of this effect builds up under the low roof above the entrance and dining areas, reaching a crescendo as the roof rises over the living area. The result is a dynamic plan of eddies and currents, of both intimacy and spectacle, yet as in the contemporary buildings of Deutsch and Tyler, the observer is never left to simply confront the view.

Bei den Häusern Foster (1950) und Bergren (1953) handelt es sich um kleine, kostengünstige Bauten, die größer wirken als sie sind. Beide sind kompakt, haben jeweils nur ein Schlafzimmer und bieten die gleiche Intimität und zugleich großzügige Offenheit wie einige von Lautners größeren, komplexeren und kostspieligeren Häusern.

Das Haus Foster steht an einem Hang auf Betonstützen, die teure Stützmauern ersparen, und der Baukörper berührt den Boden nur im Eingangsbereich. Von der Straße aus ist die Größe des Hauses schwer einzuschätzen, da die schmalen Fensterbänder unauffällig in die horizontale Fassadenverkleidung integriert sind und das Haus am Ende eine Rundung ohne Abschlußkante umschreibt. Im Gegensatz zur relativ geschlossenen Straßenfront bietet das Haus auf der anderen Seite eine weite Aussicht über das Tal von Sherman Oaks.

Das Haus Foster ist das einzige von Lautners frühen Bauten, bei dem man durch den Eingang direkt in den Hauptraum des Hauses gelangt, ohne jedoch gleich den weiten Ausblick zu haben. Der Eingangsbereich wird von einem Einbauschrank und -tisch definiert. Lautner verwendete hier im wesentlichen die gleiche Grundrißaufteilung wie beim Haus Carling, so daß der „Kopf" des Wohnraums den krönenden Abschluß des fließenden Innenraums bildet. In einem wohl kalkulierten Schwung rotiert Lautner die Pultdachkonstruktion um den zentralen Pfeiler des Hauptraums, so daß der Raum nach außen weiterfließt. Der runde Dachüberstand orientiert das Haus zur Aussicht und bietet Gelegenheit zur Einfügung großer Glasflächen und einer Veranda.

Beim Haus Bergren bilden die im rechten Winkel zur Hanglinie gestellten Seitenmauern ein Trapez und öffnen das Schlafzimmer und den Wohnraum mit Küche und Eßbereich zur Aussicht. Das Schmetterlingsdach ruht in der Mitte auf einer tragenden Wand, die auch als Verankerung für die erhöhte Geschoßdecke des Wohnraums dient. Diese reicht nicht bis zur gegenüberliegenden Wand, sondern fällt abrupt ab, so daß ein Pflanzbecken zwischen Geschoßdeckenkante und Seitenmauer frei bleibt.

Der Kamin wird nach oben breiter, weil die Mittelwand des Hauses sich zum Schlafzimmer hin neigt. Mit der Masse des Kamins, ergänzt durch wechselnde Dachneigungen und Raumebenen, erzeugt Lautner einen Gegenpol zum nach außen drängenden Raum. Die Spannung dieses Entwurfs beginnt unter dem niedrigen Dach über dem Eingangs- und Eßbereich und baut sich dann sukzessive mit der Steigung der Raumdecke über dem Wohnraum auf. Das erzeugt eine Dynamik aus räumlichem Fließen und Strömen, aus Intimität und spektakulärem Ausblick. Wie bei den gleichzeitig entstandenen Häusern Deutsch und Tyler wird der Blick des Betrachters niemals nur direkt zur Aussicht gelenkt.

La Foster Residence (1950) et la Bergren Residence (1953) sont deux petites constructions économiques qui semblent plus vastes qu'elles ne le sont en réalité. Toutes deux compactes, équipées d'une chambre seulement, elles offrent un sentiment d'intimité et de générosité spatiale équivalant à celui que l'on retrouve dans certains projets plus vastes, plus complexes, et plus coûteux de l'architecte.

La Foster Residence qui ne touche la colline que par sa porte d'entrée, s'élève à flanc de colline sur des colonnes de béton, solution qui, là encore, a évité d'avoir à investir dans de coûteux murs de soutènement. Il est difficile d'apprécier l'échelle de la façade sur rue, car son long bandeau de fenêtres est masqué par un bardage de planches horizontales et le mur disparaît à une extrémité derrière une courbe sans véritable angle terminal. Par contraste, l'autre façade s'ouvre sur le vaste panorama qui s'étend à ses pieds.

La Foster Residence est l'une des premières maisons de Lautner où l'on pénètre directement dans l'espace principal, même si l'on ne se retrouve pas face à la vue pour autant. Le seuil de l'entrée est succinctement défini par un placard et une table intégrés. C'est le même plan général d'organisation que dans la Carling Residence, la trajectoire de l'aile des chambres se terminant dans la «tête» du séjour. Dans une courbe calculée, Lautner fait pivoter le toit à double pente au-dessus de la colonne centrale de la pièce principale, entraînant par cette rotation l'espace vers l'extérieur. L'encerclement provoqué par le toit oriente le point focal de la maison vers la vue, et fournit à l'architecte l'opportunité de disposer de vastes baies vitrées et d'implanter une terrasse extérieure.

Par comparaison, la Bergren Residence possède des murs plus libres qui forment un angle ouvert vers la vue en contrebas tout en circonscrivant une cuisine-salle à manger et un patio extérieur en partie arrière. Les murs courent pour la plupart perpendiculairement au profil du sol. Le toit en ailes de papillon s'abaisse vers le mur principal de la maison, auquel s'ancre le sol surélevé du séjour, libéré en revanche de toute attache au mur opposé, plus élevé, au moyen d'une jardinière intérieure en creux.

La masse de la cheminée s'accroît à mesure que celle-ci s'élève, tandis que le mur principal de la maison auquel elle est connectée s'infléchit vers l'arrière. A travers le poids de la cheminée, complété par la manipulation des pentes du toit et des niveaux du sol, Lautner crée une rupture qui expulse l'espace vers l'extérieur. La tension générée par le toit surbaissé au-dessus de l'entrée et de la salle à manger augmente en crescendo au fur et à mesure que celui-ci s'élève au-dessus de la zone de séjour. Le résultat donne un plan dynamique en flux tourbillonnant, fait à la fois d'intimité et de spectacle. Cependant, comme dans les constructions réalisées pour Deutsch et Tyler, le spectateur n'est jamais laissé en confrontation simple et directe avec la vue.

FOSTER

House for Miss Louise Foster
Sherman Oaks, California, 1950

View from below. A covered terrace is located
under the encircling roof.
Ansicht von unten. Eine Terrasse befindet sich
unter dem runden Dach.
Vue en contre-plongée. Une terrasse couverte
est implantée sous le toit circulaire.

Street elevation. The arrangement of the windows gives this elevation a scaleless quality.
Ansicht der Straßenfassade. Die Fensterung läßt die Dimensionen der dahinterliegenden Räume nicht erkennen.
La façade, côté rue. La disposition des fenêtres lui donne une qualité sans rapport avec son échelle.

BERGREN

House for Mr Ted Bergren
Hollywood, California, 1953

Interior view of the living space. The living room floor is raised and detached from the nearside wall, creating what Lautner called a "free space".
Innenansicht des Wohnraums. Der Boden des Wohnzimmers ist eine erhöhte, von der Seitenwand getrennte Plattform, so daß dort nach Lautners Worten ein „freier Raum" entsteht.
Le séjour. Le sol est surélevé et détaché du mur, pour créer ce que Lautner appelle un «espace libre».

Front terrace

Vordere Terrasse

La terrasse du devant

Interior view of dining area. The kitchen area, out of the picture to the left, can be screened off with a curtain. Beyond is the rear patio, with the carport to its right.

Innenansicht des Eßplatzes. Der Küchenbereich zur Linken (nicht mehr im Bild) kann mit einem Vorhang abgeteilt werden. Dahinter befindet sich der rückseitige Patio mit dem überdachten Autostellplatz zur Rechten.

Le séjour vu de l'intérieur. La cuisine, hors champ à gauche, peut être isolée par un rideau. Derrière, le patio arrière, avec l'abri pour voitures à sa droite.

Living room fireside seat and fireplace. Ted Bergren was a guitarist and music copyist.

Kaminecke im Wohnraum. Ted Bergren war Gitarrist und Notenkopist.

La banquette de cheminée et la cheminée du séjour. Ted Bergren était guitariste et copiste de partitions.

EVOLUTION OF THE IDEA
Die Weiterentwicklung der Idee L'Evolution de l'idée

Because his client was impressed by the architecture of Frank Lloyd Wright, Lautner designed the Wolff Residence (1961) with Wright's trademark cantilevering hipped roofs. However, the way in which these copper-clad roofs are superimposed on the disjunct plans below is most unlike Wright. Instead, the building forms thrust and rotate out from the hillside in a series of juxtaposed and cascading rectangles, falling to the swimming pool below.

The heavy zigzag walls, built to withstand the soft site conditions and earthquakes, march out from the hillside, perpendicular to the contour but somehow contour-like. The projecting roofs and balconies weave between the foliage of the hillside, preserving four mature eucalyptus trees, and giving access to the different levels via secret paths. The trees continue to grow up through the bedroom and living room terraces, between glass and structure, and out above the roofs.

Lautner's precedent for dealing with a multi-level building on a sloping site was the Sheats Apartments (1948). While most of Lautner's large projects culminate in a single space, the Sheats building is instead made up of distinct parts, set above a cantilever plinth that floats above street level. The left-over space between the strong geometric forms of the individual units is used for circulation, light and air, where the path between the units steps up through the built topography to the Sheats' own penthouse at the top.

Wolff has comparatively few rooms, so Lautner had to use ingenuity to create a sense of expansiveness. In plan there are small outdoor terraces between the glass of the internal envelope and rocky walls. These protect the interior from the side view while connecting materially to the hillside. As gaps between the glass and stone they provide an important density or thickening of space, within which layering each major room is set. In plan the smaller, intimate spaces at the back of each floor plate expand into the larger

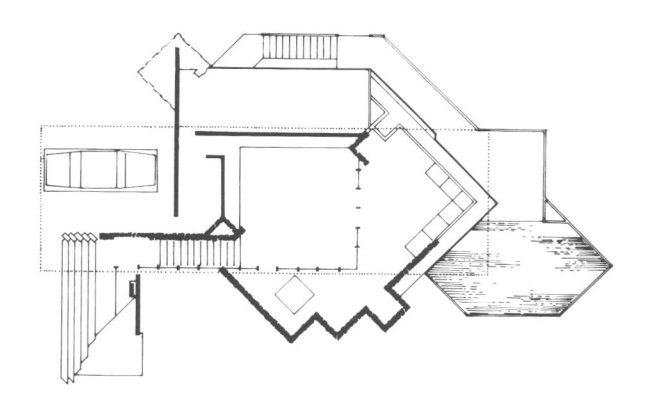

Wolff Residence, Hollywood, California, 1961
Plan, Grundriß, Plan

Weil der Bauherr ein Bewunderer Frank Lloyd Wrights war, gestaltete Lautner das Haus Wolff (1961) unter Verwendung von Wrights Markenzeichen: überhängenden flachen Walmdächern. Wie er diese Kupferdächer über den darunterliegenden, unzusammenhängenden Räumlichkeiten anordnete, ist allerdings nicht typisch für Wright. Die Bauformen des Hauses bilden eine Kaskade aus vorkragenden und gedrehten rechtwinkligen Elementen den Hang hinunter bis zum Schwimmbecken.

Die hohen, massiven, zickzackförmigen Mauern sollen möglichen Erdrutschen und Erdbeben widerstehen und erheben sich wie eine Felsformation aus dem Steilhang. Die vorkragenden Dächer und Balkone stoßen so in die natürliche Vegetation vor, daß vier Eukalyptusbäume erhalten blieben; versteckte Wege erschließen die verschiedenen Ebenen. Die Bäume wachsen weiter in die Schlaf- und Wohnzimmerbalkone hinein – zwischen Verglasungen und Konstruktion – und über die Dächer hinaus.

Lautner hatte schon früher ein mehrgeschossiges Gebäude an einem Hang gebaut, und zwar das Appartementhaus Sheats (1948). Während sich bei den meisten großen Häusern Lautners der Entwurf auf einen einzigen Raum hin entwickelt, besteht das Sheats-Gebäude aus mehreren separaten Wohnungen, die über ein auf Straßenebene liegendes Sockelgeschoß vorkragen. Der Raum zwischen den starken geometrischen Formen der einzelnen Wohneinheiten wird in der Anlage zu einem Stufengang, der zum Penthaus der Sheats führt und Licht und Luft in die anderen Appartements läßt.

Das Haus Wolff hat relativ wenige Räume, und Lautner mußte sich etwas einfallen lassen, um den Eindruck von Großzügigkeit zu schaffen. Der Grundriß zeigt mehrere kleine Außenterrassen zwischen der inneren Glashaut und den Natursteinmauern, die die weiter innen liegenden Räume vor Einblicken von der Seite schützen, während ihr

Wolff Residence, Hollywood, California, 1961
Section, Schnitt, Coupe

C'est parce que son client était impressionné par l'architecture de Frank Lloyd Wright que Lautner dota la Wolff Residence (1961) de toits à croupe en porte-à-faux, célèbre signature de Wright. Néanmoins, la manière dont ces toits recouverts de cuivre se surimposent aux plans éclatés du dessous est totalement non-wrightienne. Les formes du bâtiment se déploient et pivotent vers l'extérieur en partant du flanc de la colline par le biais d'une série de rectangles juxtaposés qui cascadent vers la piscine située en contrebas.

Les lourds murs en zigzag, construits pour compenser la faiblesse d'un terrain friable et prévenir les tremblements de terre, partent de la colline, perpendiculairement au profil du terrain tout en le respectant d'une certaine façon. Les toits et balcons projetés se glissent entre les arbres, pour préserver quatre vieux eucalyptus et donner accès aux différents niveaux, via des cheminements discrets. Les arbres continuent à pousser à travers les terrasses de la chambre et du séjour, entre le verre et la structure, et jusqu'au-dessus des toits.

Le précédent lautnerien de bâtiment multi-niveaux sur site escarpé remonte aux Sheats Apartments (1948). Alors que la plupart des grandes réalisations de Lautner culminent vers un espace unique, ce petit immeuble se compose au contraire de différentes parties, disposées au-dessus d'une plinthe en porte-à-faux qui flotte au-dessus du niveau de la rue. L'espace libre entre les formes fortement géométriques de chaque unité sert à la circulation, à l'air et à la lumière, et l'on monte entre les appartements à travers la topographie du bâti jusqu'à la penthouse de Sheats au sommet.

La résidence Wolff compte comparativement peu de pièces, ce qui força Lautner a faire preuve d'imagination pour créer un sens de dilatation de l'espace. Le plan comporte de petites terrasses insérées entre le verre de l'enveloppe interne et les murs en rochers, pour protéger l'intérieur de toute vision latérale tout en l'unissant matériellement à la colline. Espaces vides entre le verre et la pierre, ils contribuent fortement à la densité ou à l'épaississement de l'espace dans lequel s'inscrit chaque grande pièce. En plan, les espaces plus petits et plus intimes à l'arrière de chaque plateau se dilatent dans les pièces avant plus vastes, puis vers la vue. En coupe, le mouvement que ce dispositif implique se trouve pris entre les surplombs du toit, les plates-formes et la piscine qui s'avance en contrebas, avant de s'écouler dans le vide. La combinaison de ce flux d'espace en plan et en section crée un événement spatial dynamique.

Pour cette réalisation, Lautner développa son idée de projection spatiale pour s'adapter à une maison à étages en compactant son effet sur plusieurs strates. La Pearlman Mountain Cabin (1957) et la Malin Residence (1960) révèlent par contraste un désir grandissant d'insularité ou d'intimité qui était apparu pour la première fois dans les plans cristallins des Tyler et Deutsch Residences (1953 et 1954).

Malin Residence ("Chemosphere"), Hollywood, California, 1960
Plan, Grundriß, Plan

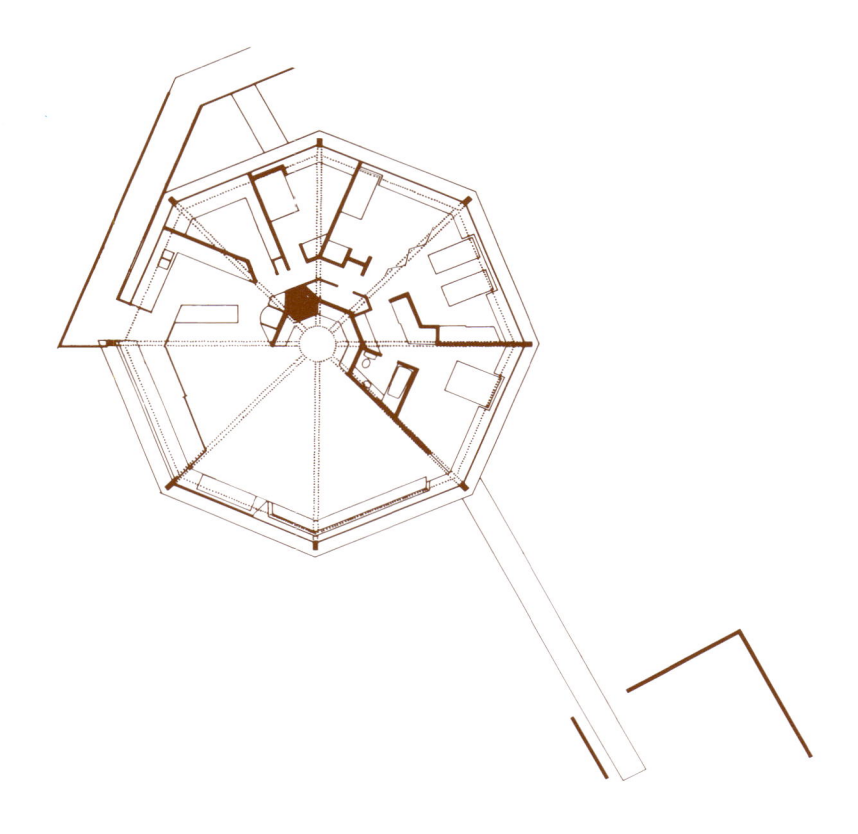

front rooms, and then into the view. In section the implied movement is caught between the shifting overhanging roofs above and jutting platforms and pool below, before flowing into the void. The combination of this flow of space in plan and section creates a dynamic spatial event.

At Wolff, Lautner developed a way of extending his idea of spatial projection to deal with an entire multi-tiered house by compounding its effect over various layers. Pearlman Mountain Cabin and the Malin Residence, built in 1957 and 1960 respectively, reveal by contrast an increasing desire for the insularity or privateness first introduced in the crystalline plans of the Tyler and Deutsch Residences (1953 and 1954). This feeling is depicted in the way buildings are detached from their sites, extending through Lautner's work from Pearlman to the Ernest Lautner Residence (1959) the Garcia Residence (1962) and the Zimmerman Residence (1968).

This change is not simply the product of circular or hexagonal roof geometries, or the steepness of a site. Lautner changed his attitude decisively: no longer were the buildings joined with the landscape, but rather they were separated from it.

Pearlman Mountain Cabin and the Malin Residence are single level platforms raised completely free of the ground on columns – in the case of the Malin Residence on a single stalk. In this way Lautner overcame unbuildable sites, and left the landscape virtually untouched and therefore unspoilt. While disengaging from the ground in section, Lautner was also withdrawing from the surrounding landscape in plan. The wings of the supporting accommodation of Pearlman are truncated, while at Malin they are incorporated under the main roof altogether.

Both houses display a new sense of muscularity. Gone are the material references to Wright, the horizontal boarding. Pearlman is a tough rendition of a mountain retreat – a cross between a log cabin and a tree-house – and it is this expression to which the logs in the main elevation refer, rather than to some inadequate simulacrum of the forest beyond.

From below, Pearlman creates a new expression of the natural force of space flowing in and out, the main facade breaking satisfyingly free of the rules that its bent-open hairpin-like plan have set it. As in the Baldwin Residence (1955) the angles and promontories of the building jut out from the hillside, the supporting poles exposed. The building has a sense of vital precipitousness, in self-conscious exposure to nature. The angles seem rough, the forms somewhat peculiar, yet the cabin still appears fresh, just conceived, propped on the site after Lautner's clear conception of it.

The zone of the faceted glass and sloping ceiling above create a wide band of transfer between inside and out: out coming in – in going out. The transparency of the envelope

Material zum Gelände überleitet. Die Lücken zwischen Verglasung und Steinmauer sorgen für die Verdichtung des Raums, in den auf jeder Geschoßebene ein großes Zimmer eingefügt ist. Kleinere Räume im rückwärtigen Teil jeder Etage gehen in die vorderen, größeren über, die sich schließlich zur Aussicht hin öffnen. Der Schnitt durch das Haus zeigt, daß die innere Bewegung zwischen den wechselnden Dachüberhängen und den vorkragenden Geschoßdecken und dem Schwimmbecken unten gehalten wird, bevor sie ins Leere stößt. Diese Bewegung in Grundriß und Schnitt ergibt ein dynamisches Raumerlebnis.

Bei dem Haus Wolff entwickelte Lautner sein Konzept auskragender Räume an einem mehrgeschossigen Gebäude über verschiedene Stockwerke hinweg. Das Wochenendhaus für Dr. Pearlman (1957) und das Haus Malin (1960) stehen dagegen für das wachsende Bedürfnis nach einem abgeschlossenen Privatbereich, wie er zuerst in den kristallinen Plänen der Häuser Tyler (1953) und Deutsch (1954) zu sehen war. Die Art, wie die Häuser vom Boden abgehoben sind, verdeutlicht dieses Gefühl, sie zieht sich durch Lautners gesamtes Schaffen: vom Wochenendhaus der Pearlmans und dem Haus Ernest Lautner (1959) zu den Häusern Garcia (1962) und Zimmerman (1968).

Die Veränderung ergab sich nicht einfach aus kreisrunden oder hexagonalen Dachgeometrien oder dem Neigungswinkel des jeweiligen Hanggrundstücks, sondern aus Lautners grundsätzlich neuem Ansatz: Seine Häuser sind nicht länger in der Landschaft verwurzelt, sondern von ihr losgelöst.

Das Wochenendhaus der Pearlmans und das Haus Malin bestehen jeweils aus einer einzigen Geschoßplattform, die ausschließlich auf Stützpfeilern ruht – beim Haus Malin sogar auf einer einzigen Stütze. Auf diese Weise bezwang Lautner eigentlich unbebaubare Abhänge und ließ die Landschaft praktisch unberührt. Lautner trennte die Häuser nicht nur vom Boden, sondern entzog sie auch der natürlichen Umgebung. Die Seitenflügel mit den Schlafzimmern im Ferienhaus der Pearlmans wirken im Grundriß wie abgeschnitten, im Haus der Malins dagegen befinden sich alle Räume unter einem Dach.

Beide Häuser sind Beispiele einer neuen, muskulösen Architektur. Materialanleihen bei Wright wie etwa horizontale Bretterverschalungen sind verschwunden. Das Haus der Pearlmans ist die entschlossene Interpretation eines Bergverstecks – eine Kreuzung aus Blockhütte und Baumhaus. Genau das sollen die Baumstämme ausdrücken, die das Dach des Hauptraums stützen, sie sollen kein unzulängliches Abbild des Waldes sein.

Wenn der Betrachter etwas weiter unten am Hang steht, bietet sich ihm ein neuartiges Erscheinungsbild des von innen nach außen (und umgekehrt) fließenden Raums. Die Hauptfront befreit sich von den Regeln des aufgebo-

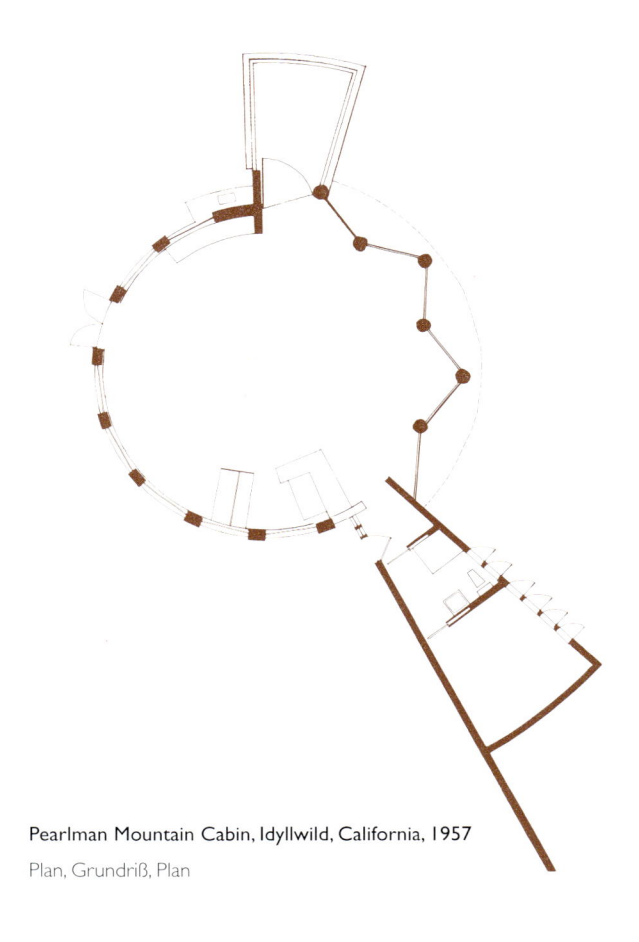

Pearlman Mountain Cabin, Idyllwild, California, 1957
Plan, Grundriß, Plan

Ce sentiment, qui se traduit par la façon dont les bâtiments se détachent de leur terrain, se retrouve dans d'autres œuvres de l'architecte, comme les résidences Pearlman, Ernest Lautner (1959), Garcia (1962) et Zimmerman (1968).

Ce changement n'est pas simplement le produit de la forme circulaire ou hexagonale des toits, ou de l'escarpement du site. Lautner modifie de manière décisive son approche: ses maisons ne sont plus liées au paysage, mais plutôt séparées de lui.

La Pearlman Mountain Cabin et la Malin Residence sont des plates-formes d'un seul niveau surélevées sur des colonnes et totalement libérées du sol, voire, comme dans le cas de la Malin Residence, perchées sur un pilier unique. Ceci permet à Lautner d'investir des terrains inconstructibles et de laisser le paysage virtuellement intact. Tout en se désengageant du sol en coupe, il se retire également du paysage environnant en plan. Les ailes des pièces de service de la Pearlman Residence sont tronquées, tandis que dans la Malin Residence, elle sont incorporées sous le même toit.

Les deux maisons affichent une «musculature» nouvelle. Disparus les références wrightiennes des matériaux et les bardeaux horizontaux. Pearlman Residence est une version «dure» de chalet de montagne, le croisement d'une cabane de rondins et d'une maison dans l'arbre, et c'est à

Garcia Residence, Los Angeles, California, 1962
Section (right) and plan (opposite)
Querschnitt (rechts) und Grundriß (rechte Seite)
Coupe (à droite) et plan (page de droite)

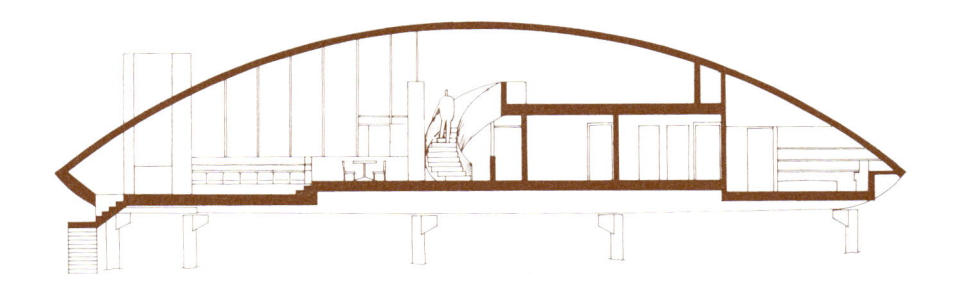

is accentuated by inserting the glass directly into the timber poles that support the living room cantilever. As at Malin, the effect of connecting very thin glass onto much bigger structural elements dematerializes the glass.

Standing on one column, the Malin Residence (1960) is a house that invites speculation, yet it is a considered solution to the problem of low budget and an unbuildably steep site. Its form recalls the toughness of a water tower. Access is by funicular from the carport below and via a bridge from the hillside, which the superstructure almost touches. In a completely new development, Lautner closes down the roof at the perimeter, protecting from the magnitude of the view. The transition to the outside is made through the edge detail.

This edge zone, while accommodating storage, a seat and at one point a small terrace, is also structural. The bowed laminated-timber roof supports, which also hold the glass, appear to slip away and out of the room, imbuing this place of change from inside to outside with weight. The thinness of the line of transition is in fact blurred into the whole threshold of angling sill and internal shelf, as the leaning glass shows almost no reflections. In comparison to Pearlman this evidences an even further reduction of the transition zone from inside to out.

Carling can be typified as creating a balance between introverted and flowing space, top-lit areas and where light pours in from full-height glass elevations held under the tent of the roof. In comparison Pearlman and Malin provide a considerably more introspective environment, under a roof better described as a carapace than as a tent. The roof structure or its soffit are solid, and have more enclosing shapes. At the same time the introduction to the view changes from one of carefully orchestrated involvement with the landscape to that of observer.

The Elrod Residence (1968) has many apparent similarities to the Carling Residence – the trailing wing of accommodation, the centralized main space under a tent-like roof – yet in Elrod the sense of enclosure is more akin to Pearlman and Malin. In the intervening years between

nen Haarnadelgrundrisses. Wie beim Haus Baldwin (1955) springen die Ecken und Vorbauten vom Hang vor, so daß die stützenden Pfähle frei zu sehen sind. Das Haus ragt steil auf und behauptet sich selbstbewußt in seiner natürlichen Umgebung. Es hat rohe Ecken und Kanten, ungewöhnliche Formen, doch es wirkt immer noch wie neu, als wäre es gerade erst nach Lautners Konzept hier entstanden.

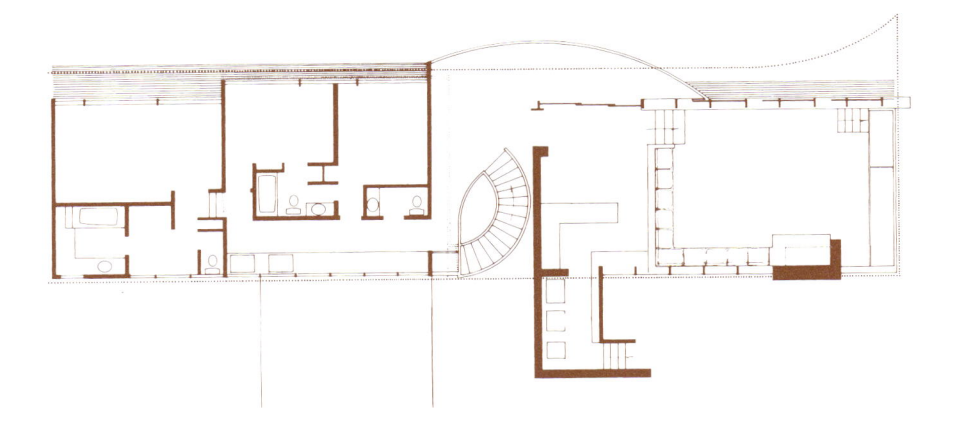

Die zickzackförmige Verglasung unter dem Rund der ansteigenden Dachkante bildet eine hohe, breite Übergangszone zwischen Innen- und Außenraum. Die Transparenz der Gebäudehülle wird dadurch verstärkt, daß die Glasscheiben direkt in die das Dach stützenden Baumstämme eingelassen sind. Wie beim Haus Malin führt die Verbindung der dünnen Glasscheiben mit viel stärkeren konstruktiven Elementen dazu, daß die Verglasung optisch fast verschwindet.

Das auf einer einzelnen Stütze ruhende Haus Malin (1960) regt zu Spekulationen an, doch es ist eine wohldurchdachte Lösung für einen scheinbar unbebaubaren Steilhang und ein niedriges Budget. Seine Form läßt an die Stabilität von Wassertürmen denken. Die Erschließung findet über eine kleine Seilbahn vom unten gelegenen Autostellplatz und über eine Brücke vom Hang zum sich fast an den Berg anlehnenden Gebäude statt. Lautner schuf hier erstmals eine flache Dachkuppel, die sich zum Rand hin nach unten biegt, damit das weite Panorama von innen nicht allzu überwältigend wirkt. Die Detaillierung des Randzone stellt den Übergang zum Außenraum her.

Die Randzone bietet nicht nur Platz für Wandschränke, ein Sofa und an einer Ecke einen kleinen Balkon, sondern ist auch ein Hauptelement der Konstruktion. Die gebogenen Leimbinder, die auch die Glasscheiben halten, scheinen dem Innenraum zu entgleiten und durchdringen diesen Bereich des Übergangs mit dem Eindruck von Masse. Wie dünn die Trennung zwischen Innen- und Außenraum ist, wird durch die ganze Barriere aus Fensterbank und Einbaumöbeln kaum wahrgenommen, da die geneigten Fenster Lichtspiegelungen fast vollständig verhindern. Im Vergleich zum Haus Pearlman wird hier die Übergangszone zwischen Innen- und Außenraum noch weiter reduziert.

cette image que les rondins de l'élévation principale se réfèrent, plutôt qu'à quelque simulacre inadéquat de forêt.

Vue de dessous, la Pearlman Residence donne une nouvelle expression à la force naturelle d'un espace qui s'écoulerait de l'intérieur vers l'extérieur et vice-versa. La façade principale s'échappe avec talent des règles que son plan ouvert en épingle à cheveu avait instaurées. Comme dans la Baldwin Residence (1955), les angles et avancées de la construction jaillissent du flanc de la colline en exposant leurs poteaux de soutien. Le bâtiment possède un sens de dynamique vitale, d'exposition consciente à la nature. Les inclinaisons semblent brutales, les formes un peu étranges, et pourtant la maison a l'air toujours aussi nouvelle, comme si elle venait d'être conçue, imposée dans son site par un vigoureux élan conceptuel de l'architecte.

La zone de facettes de verre et les plafonds inclinés déterminent un large bandeau par lequel se produit le transfert entre le dedans et le dehors. La transparence de l'enveloppe est accentuée par l'insertion directe du verre entre les poteaux de bois qui soutiennent le porte-à-faux du séjour. Comme dans le cas de la Malin Residence, l'effet de pose d'un panneau de verre très fin entre des éléments structurels beaucoup plus lourds dématérialise le verre.

Soutenue par une colonne centrale unique, la Malin Residence (1960) invite à toutes les spéculations, même si elle est en fait la solution au problème posé par un budget réduit et un site escarpé réputé inconstructible. Sa forme rappelle la solidité brutale d'un château d'eau. L'accès se fait par un funiculaire à partir de l'abri à voitures situé en contrebas et par une passerelle à partir du flanc de la colline que la superstructure effleure. Dans un développement complètement nouveau, Lautner fait retomber le toit en périmétrie, pour protéger en quelque sorte de l'envahissement spectaculaire de la vue. La transition vers l'extérieur se fait à travers un travail approfondi sur la retombée du toit.

Cette zone de limite, tout en abritant des rangements, un siège et à un certain moment, une petite terrasse, est également structurelle. Les supports du toit en bois lamellé courbé, qui maintiennent également les panneaux de verre,

Carling and Elrod, Lautner had built some 50 buildings including "Silvertop", which honed his ability to technically realize what he had in mind for a particular site.

The ten years of designing and constructing "Silvertop", always under analysis by a consultant team and his client's exacting eye, must have been stifling. However, Reiner's unlimited budget gave Lautner the opportunity to test and innovate new building systems. At "Silvertop" Lautner also "discovered" concrete, the ideal medium for the spaces he was seeking to make, being both "solid and free".

The Elrod Residence is a masterful use of concrete. In a sense it is a turning point between the houses such as Concannon (1960) and later projects such as the extravagant flowing forms of the Segel Residence (1979). The Concannon Residence appears restricted by a beam and column roof; Lautner had already optimized the use of post and column at the Harpel Residence (1956) where the matrix of the trellis roof covers the site to be enclosed here and there by interior accommodation. By contrast concrete allowed him to create long spans, and to mould spaces from a material expressive of itself.

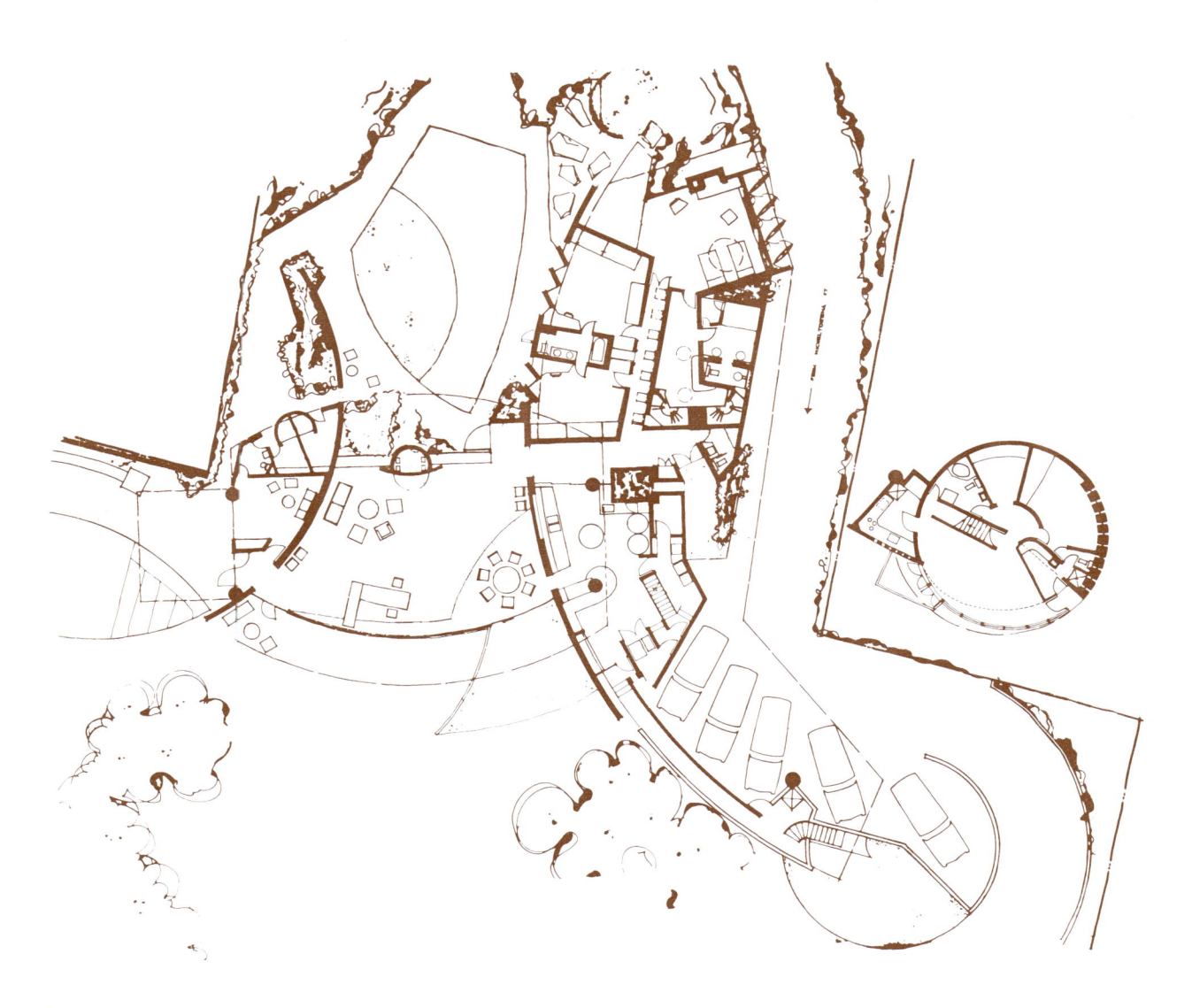

Reiner Residence ("Silvertop"), Los Angeles, California, 1963
Plan, Grundriß, Plan

Kennzeichnend für das Haus Carling ist die Ausgewogenheit zwischen auf das Innere bezogenem und fließendem Raum, zwischen Oberlichtbereichen und solchen mit großflächigen Verglasungen, alles zusammengehalten unter der Membran des Daches. Im Vergleich dazu bieten die Häuser Pearlman und Malin einen viel geschlosseneren Wohnbereich, und zwar unter Dächern, die eher als Panzer denn als Zelt beschrieben werden können. Die Dachkonstruktionen beziehungsweise die Deckenuntersichten sind bei beiden Häuser massiver, geschlossener, während die Hinführung zur Aussicht von der sorgfältig komponierten Verbindung mit der natürlichen Umgebung zur reinen Beobachtung übergeht.

Das Haus Elrod (1968) weist auf den ersten Blick viele Ähnlichkeiten zum Haus Carling auf, unter anderem mit dem Seitenflügel mit Schlafzimmern und dem zentrierten Wohnbereich unter einem zeltartigen Dach. Die Idee der Gebäudehülle erinnert aber eher an die Häuser Pearlman und Malin. Von der Fertigstellung des Hauses Carling (1949) bis zum Haus Elrod baute Lautner etwa 50 Häuser und Gebäude, einschließlich „Silvertop", und durch diese jahrelange Praxis war er technisch in der Lage, die Idee, die er für einen bestimmten Bauplatz im Sinn hatte, auch umzusetzen.

Entwurf und Bau von „Silvertop" nahmen zehn Jahre in Anspruch, immer unter der Aufsicht eines Beraterteams und dem kritischen Blick des Bauherrn, was für Lautner eine Last gewesen sein muß. Andererseits bot Reiners unbegrenztes Budget ihm die Möglichkeit, neue Bauverfahren zu testen und in innovativer Weise weiterzuentwickeln. Außerdem „entdeckte" er in dieser Zeit Beton, das ideale Material für die Räume, die ihm vorschwebten, gleichzeitig „solide und frei".

Das Haus Elrod ist ein Beispiel für Lautners meisterhafte Verwendung von Beton. In gewissem Sinn stellt es einen Wendepunkt seiner Architektur dar – zwischen Häusern wie dem der Concannons (1960) und späteren wie dem Haus Segel (1979) mit seinen extravaganten fließenden Formen. Bei ersterem ergaben sich wohl Einschränkungen durch die Dachsparrenkonstruktion. Die Verwendung von Stützen und Säulen hatte Lautner bereits beim Bau des Hauses Harpel (1956) verbessert: Fast das gesamte Grundstück wird hier überlagert von einem Dreiecksraster aus Dachbalken über sowohl offenen wie geschlossenen Räumen. Der Baustoff Beton erlaubte ihm nun, große Spannweiten zu entwerfen und Räume aus einem in sich ausdrucksvollen Material zu formen.

Das Haus Elrod erscheint von der Straße oder vom Hang aus gesehen wie ein Wüstenbunker. Der kreisrunde Wohnraum mit seinem freitragenden Dach mit einem Durchmesser von 18 m öffnet sich mit dreieckigen Oberlichtern wie eine Wüstenblume zum Himmel; die abgewinkelten Dachelemente wirken als Sonnenschutz. Die Laibungen akzentuieren die Dicke der Betonschale, die von dem

semblent glisser vers l'extérieur de la pièce, ce qui confère un certain poids à cette zone de transition. Sa minceur perd en fait de sa netteté dans le seuil marqué par la retombée du plafond et les rangements intérieurs, car le verre incliné ne présente pratiquement aucun reflet. Par comparaison avec la Pearlman Residence, ce dispositif met en évidence une contraction encore plus grande de la transition dedans/dehors.

Le type qu'illustre la Carling Residence se caractérise par un équilibre entre l'espace introverti et fluide, les zones éclairées zénithalement, et celles dans lesquelles la lumière pénètre par des façades de verre toute hauteur disposées sous un toit-tente. Comparativement, les résidences Pearlman et Malin offrent un environnement beaucoup plus introspectif, sous un toit qui est davantage une carapace qu'une tente. La structure du toit ou de son intrados est massive et présente des formes plus renfermées. En même temps, l'ouverture vers la vue passe d'une implication soigneusement orchestrée de la maison avec le paysage à celle du spectateur.

L'Elrod Residence (1968) présente de nombreuses similarités apparentes avec la Carling Residence - l'aile des chambres en appendice, les espaces de vie regroupés sous un toit de type tente - mais le sentiment d'enfermement y est plus proche de celui des résidences Pearlman et Malin. Dans les années qui séparent les projets Carling et Elrod, Lautner a construit près de 50 maisons dont la «Silvertop» Residence, expérience qui renforce encore sa capacité à réaliser techniquement l'idée qu'il a en tête pour un site précis.

Les dix années passées à concevoir et à construire «Silvertop», sous le contrôle permanent d'une équipe de consultants et de l'œil exigeant du client, ont probablement été pénibles. Cependant le fait que Reiner, le client, ait disposé d'un budget illimité a probablement donné à Lautner l'opportunité de tester et d'imaginer de nouveaux systèmes de construction. C'est également sur ce chantier qu'il a «découvert» le béton, médium idéal pour les espaces qu'il cherchait à réaliser, puisqu'il était à la fois «plein et libre».

L'Elrod Residence reste un exemple d'utilisation magistrale du béton. En un sens, elle représente un point de non retour entre des maisons comme Concannon (1960) et les projets qui suivront comme les extravagantes formes fluides de la Segel Residence (1979). La Concannon Residence semble se réduire à un toit à poutres et colonnes. Lautner avait déjà optimisé ce système pour la Harpel Residence (1956) dans laquelle la trame matricielle du toit recouvre le terrain et se replie de temps en temps pour protéger les aménagements intérieurs. Par contraste, le béton lui permettait de créer de longues portées et de mouler des espaces dans un matériau doté de sa propre expressivité. L'Elrod Residence fait un peu penser à un bunker dans le

Elrod Residence, Palm Springs, California, 1968
Plan (below) and section through bedroom,
living room and pool (opposite)
Grundriß (unten) und Querschnitt durch
Schlafzimmer, Wohnraum und Schwimmbecken-
bereich (rechte Seite)
Plan (ci-dessous) et coupe à travers la chambre,
le séjour et la piscine (page de droite)

Elrod is somewhat like a military bunker from the road, or when viewed from the slope below. However, the main space, with its 60ft diameter, clear-span roof, opens up like a desert flower to the sky above, with light penetrating the space through the angled sun protectors of the roof. The chamfers to the edges of these openings accentuate the thickness of the concrete shell, beautifully made by an old contractor of Wright's, Wally Niewiadomski. The delicate thickness of the edge beam, brought down close to the encircling patterned floor of slate, contrasts with this weight, and the sense is of the roof of the main space being lifted off.

The floors are cut down into the rock so that the bigger boulders are at roof height. The landscape is literally brought into the house as wall, screen or furniture. Frameless glass is inserted between rock and concrete structure to create the envelope, undulating to animate the internal space and follow the shifting floor level. The main exit to the outside is under the roof, but hidden from view behind a boulder, where steps lead through to the terrace and pool, onto concrete steps cantilevering out of the wall of the pool – reminiscent of the leaves of the roof structure – down to the rocky hillside.

At night the black slate throws no reflection, and from the seating area on the circular carpet in the living room, the view of stars and lights in the valley, which twinkle in the reflection of the pool, must seem a special performance seen from a private island.

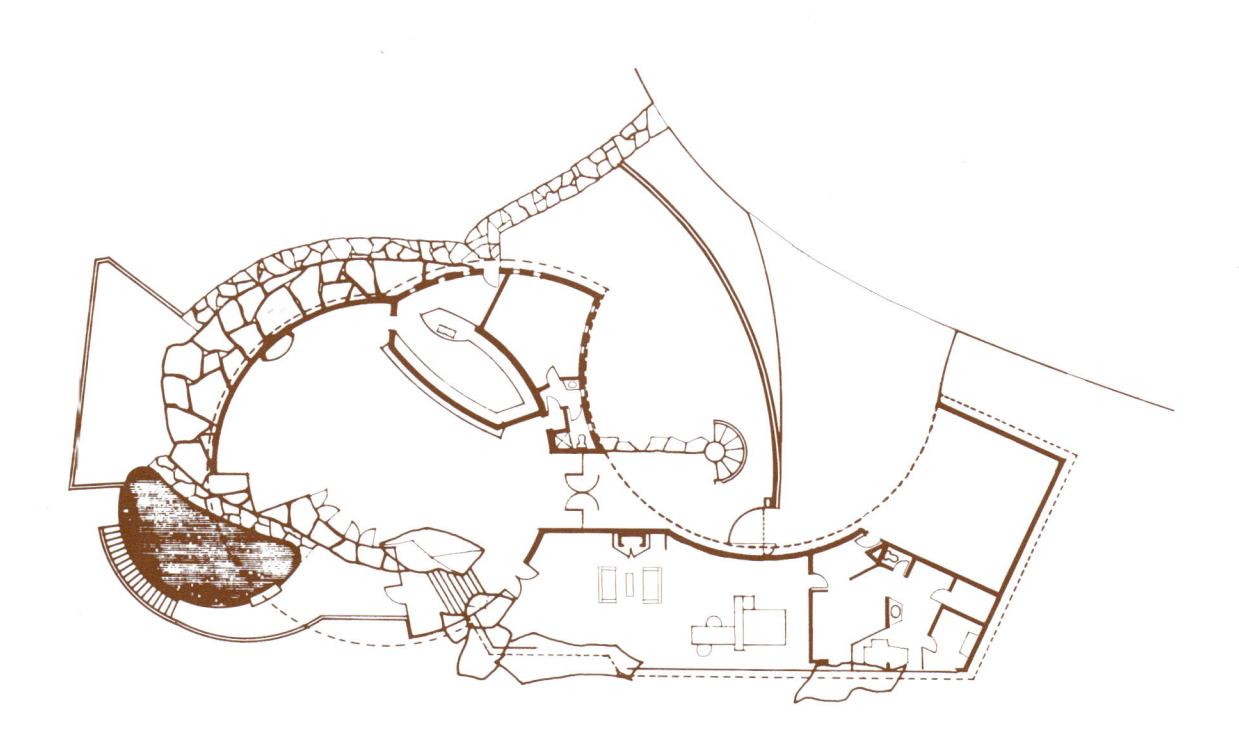

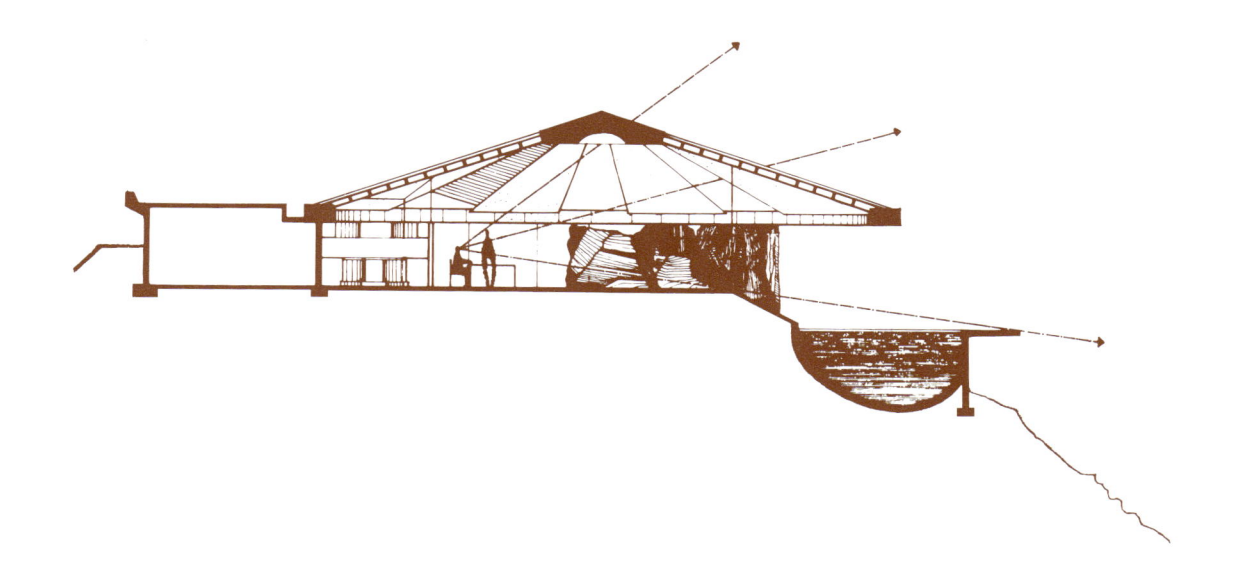

Bauunternehmer Wally Niewiadomski, der früher für Wright arbeitete, in hervorragender Qualität ausgeführt wurde. Der vergleichsweise schmale Randträger – in niedriger Höhe den mit Schieferplatten belegten Boden umschreibend – kontrastiert mit der Massivität der Dachschale, die wie ein hochgehobener Deckel wirkt.

Die Geschoßflächen sind in den felsigen Grund versenkt, und zwar so, daß größere Felsbrocken stehen blieben und bis zum Dach reichen. Auf diese Weise holte Lautner die Landschaft ins Haus – als Wand, Sichtblende oder auch Möbelstück. Rahmenlose Verglasungen zwischen Felsen und Betonkonstruktion schließen wogend den Raum, den Innenraum belebend und den wechselnden Raumebenen angepaßt. Der Hauptzugang nach draußen liegt unter dem Dach, aber sichtgeschützt hinter einem Felsbrocken. Stufen führen von dort zur Terrasse, zum Schwimmbecken und über Betonstufen – ähnlich geformt wie die Blätter der Dachschale –, die aus der Wand des Beckens kragen, den felsigen Abhang hinunter.

Nachts reflektieren die schwarzen Schieferplatten kein Licht, und von der Sitzgruppe auf dem kreisrunden Teppich des Wohnraums kann man die Lichter im Tal und die Sterne, die sich im Wasser des Schwimmbeckens spiegeln, beobachten – ein faszinierendes Schauspiel.

désert lorsqu'on l'aperçoit de la route ou du bas de la colline qu'elle domine. Son espace principal, de 18 m de diamètre, n'en est pas moins illuminé par un toit qui s'ouvre comme une fleur du désert vers le ciel, la lumière se glissant à travers lui par des ouvertures protégées par des pare-soleil. Les chanfreins qui bordent ces ouvertures et accentuent l'épaisseur de la coquille de béton ont été merveilleusement réalisés par un ancien collaborateur de Wright, Wally Niewiadomski. La délicatesse calculée de l'épaisseur de la section de la coque, lorsqu'elle se rapproche du plan du sol (en ardoise à calepinage circulaire), donne l'impression que le toit se soulève du sol.

Les sols sont aménagés dans la roche de telle manière que les plus gros blocs de rocher se trouvent à hauteur du toit. Le paysage pénètre littéralement dans la maison entre un mur, un écran ou des meubles. Des panneaux de verre sans encadrement s'insèrent entre le rocher et la structure de béton pour créer l'enveloppe, et décrivent un profil ondulé qui anime l'espace interne et s'adapte aux variations du niveau du sol. La sortie principale se trouve sous le toit, mais est dissimulée à la vue derrière un rocher, là où part un emmarchement vers la terrasse, le bassin, et l'escalier de béton fiché en porte-à-faux dans la structure du bassin – rappel des pétales de la structure de couverture – qui descend jusqu'au flanc rocailleux de la colline.

La nuit, l'ardoise noire ne renvoie pas le moindre reflet, et de la zone des sièges sur le tapis circulaire du séjour, la vue des étoiles et des lumières de la vallée, qui clignotent sur le plan réfléchi du bassin, fait penser au spectacle d'une côte vue d'une île privée.

PEARLMAN

Mountain Cabin for Dr and Mrs C. K. Pearlman
Idyllwild, California, 1957

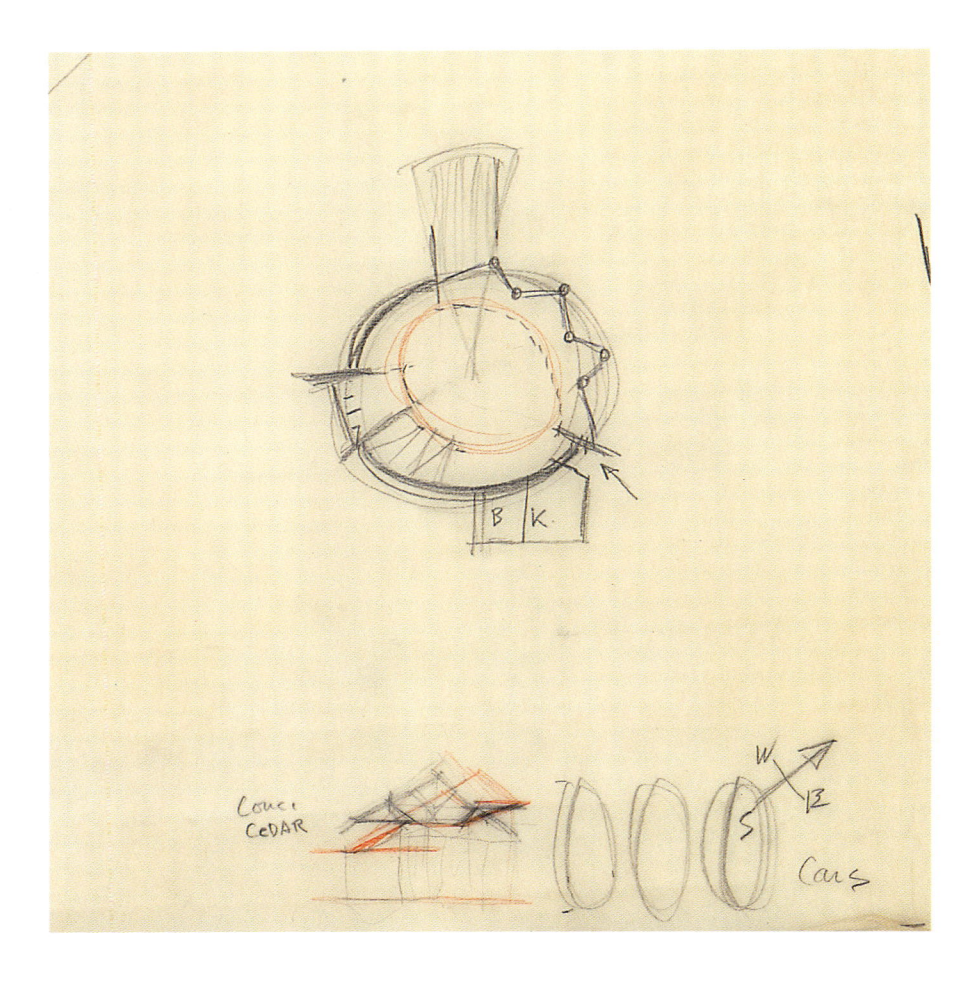

Sketch, Entwurfsskizze, Croquis

Opposite: View from below. The faceted glass reduces reflections and is fixed directly into the column logs, enhancing the sense of openness.
Rechte Seite: Ansicht von unten. Die facettierte Verglasung reduziert die blendenden Lichtreflexe und ist cirekt in die Pfosten eingelassen, was die Offenheit des Innenraums unterstreicht.
Page de droite: Vue en contre-plongée. Les panneaux de verre en facette sont disposés de manière à réduire les reflets. Ils sont fixés directement dans les piliers de bois pour accroître l'impression d'ouverture.

Overleaf: Construction drawing
Folgende Doppelseite: Ausführungsplan
Double page suivante: Plan de construction

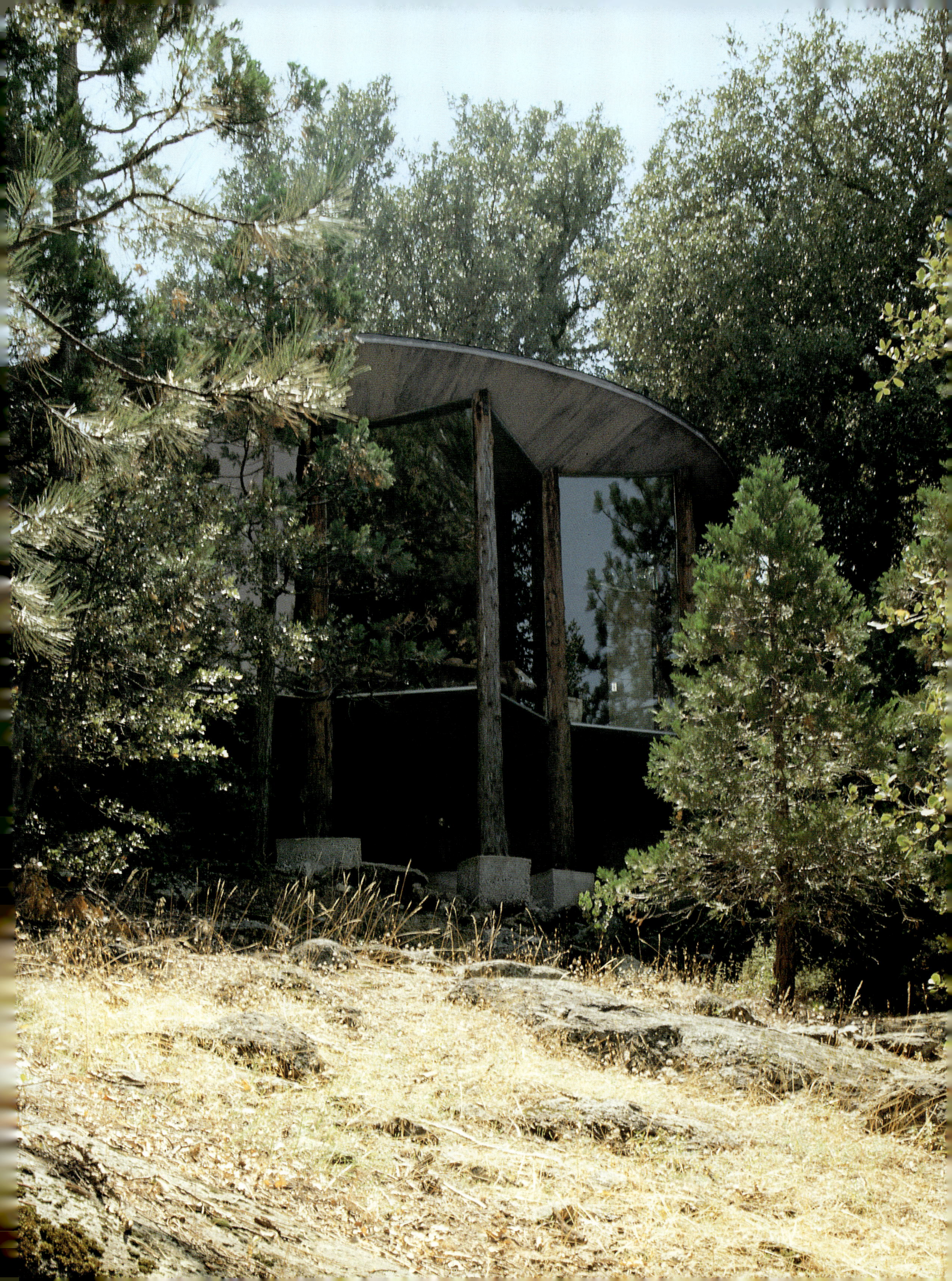

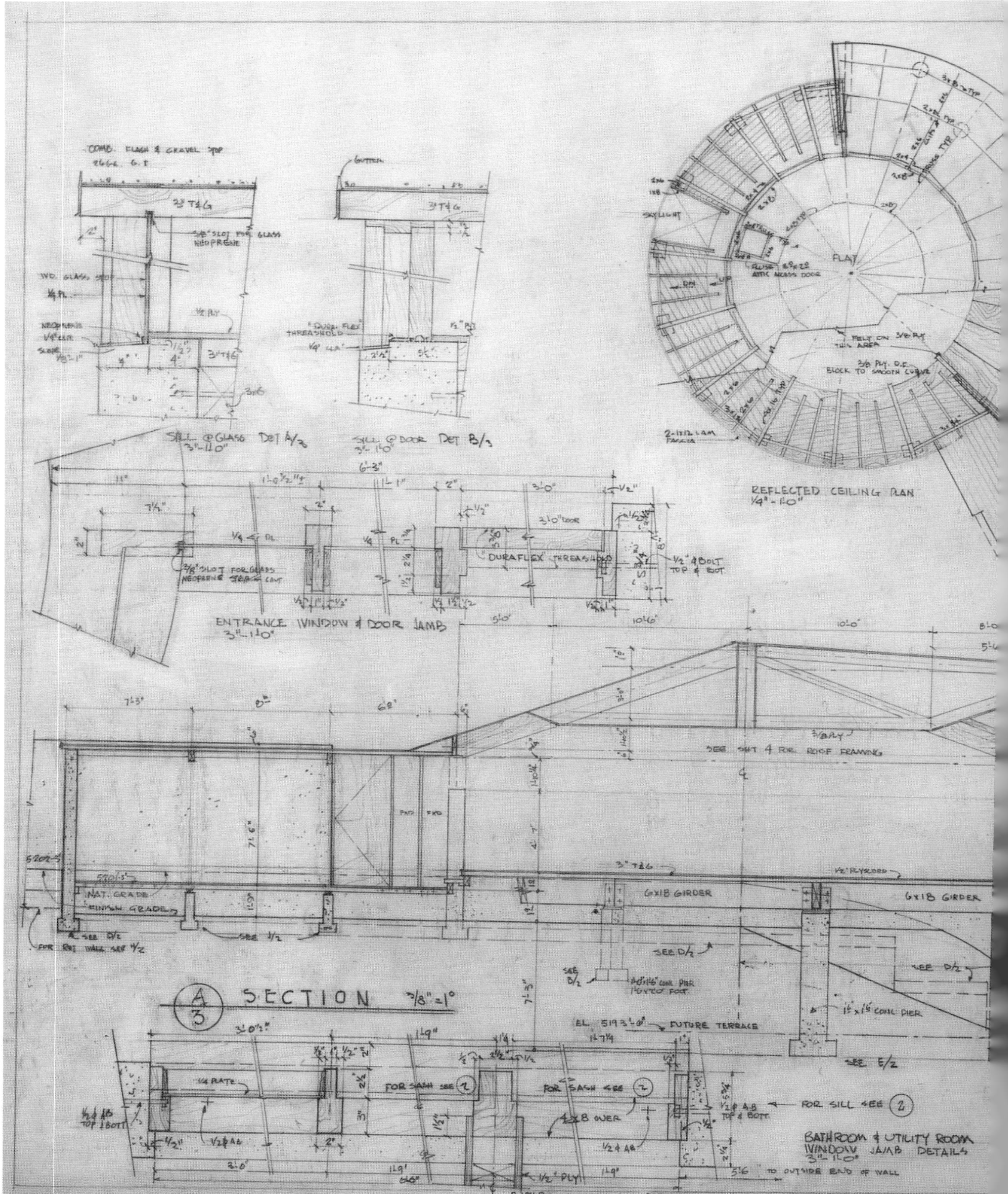
SILL @ GLASS DET A/3
3"=1'-0"
SILL @ DOOR DET B/3
3"=1'-0"
REFLECTED CEILING PLAN
1/4"=1'-0"
ENTRANCE WINDOW & DOOR JAMB
3"=1'-0"
SEE SHT 4 FOR ROOF FRAMING
6x18 GIRDER
6x18 GIRDER
A
3
SECTION 3/8"=1'0"
FUTURE TERRACE
FOR SASH SEE 2
FOR SILL SEE 2
BATHROOM & UTILITY ROOM
WINDOW JAMB DETAILS
3"=1'-0"
TO OUTSIDE END OF WALL
BATHROOM-STORAGE PARTITION

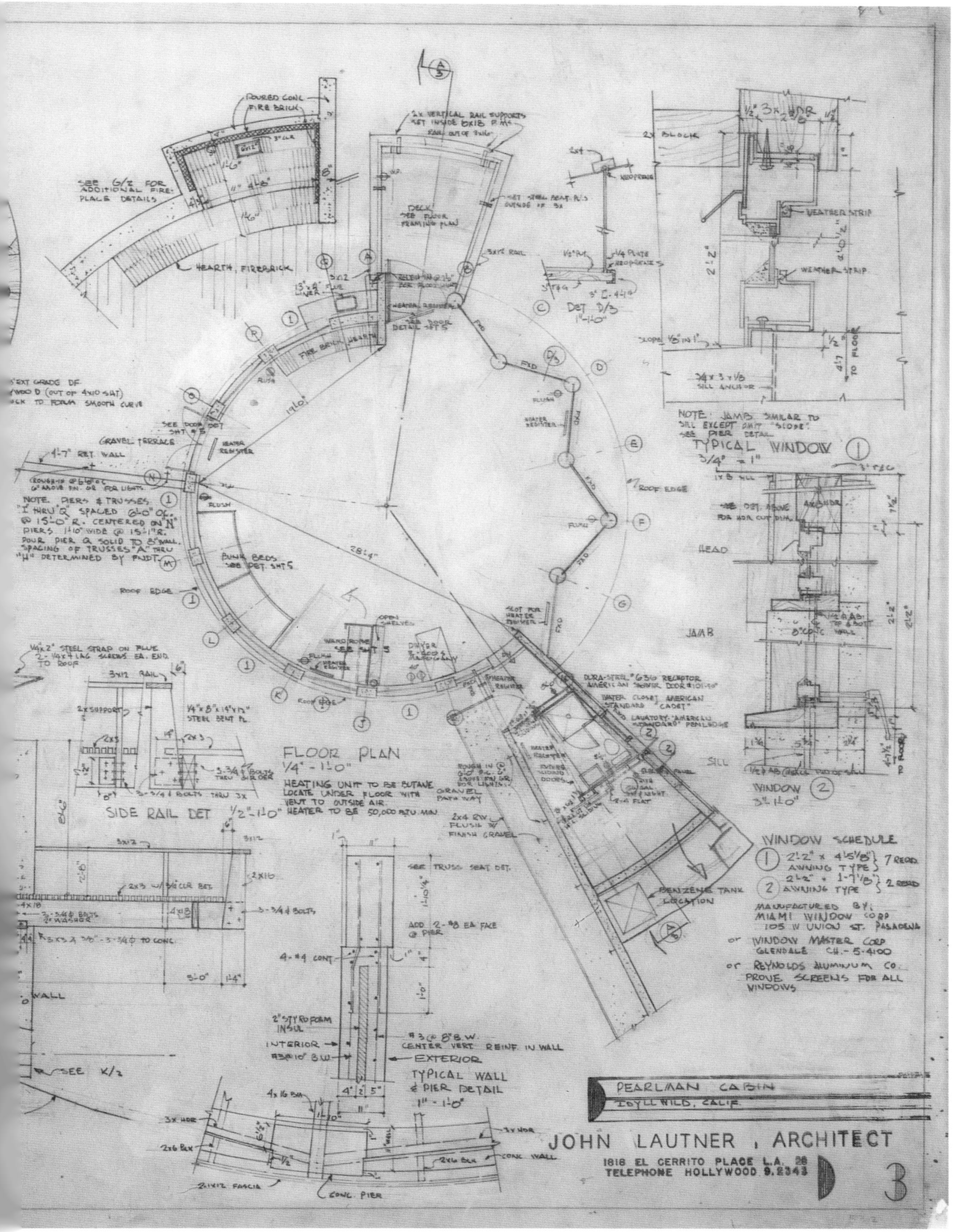
FLOOR PLAN
1/4" - 1'-0"
HEATING UNIT TO BE BUTANE
LOCATE UNDER FLOOR WITH
VENT TO OUTSIDE AIR
HEATER TO BE 50,000 BTU MIN
SIDE RAIL DET 1/2" - 1'-0"
TYPICAL WALL & PIER DETAIL
1" - 1'-0"
TYPICAL WINDOW 1
3/4" = 1"
NOTE: JAMBS SIMILAR TO SILL EXCEPT OMIT "SLOPE". SEE PIER DETAIL
WINDOW 2
3" = 1'-0"
HEAD
JAMB
SILL
WINDOW SCHEDULE
MANUFACTURED BY: MIAMI WINDOW CORP 105 W UNION ST. PASADENA
or WINDOW MASTER CORP GLENDALE CH.-5-4100
or REYNOLDS ALUMINUM CO.
PROVE SCREENS FOR ALL WINDOWS
HEARTH, FIREBRICK
SEE G/2 FOR ADDITIONAL FIREPLACE DETAILS
POURED CONC
FIRE BRICK
DECK SEE FLOOR FRAMING PLAN
DET D/3
1" = 1'-0"
GRAVEL TERRACE
ROOF EDGE
BUNK BEDS SEE DET. SHT 5
BENZENE TANK LOCATION
INTERIOR
EXTERIOR
PEARLMAN CABIN
IDYLLWILD, CALIF.
JOHN LAUTNER, ARCHITECT
1818 EL CERRITO PLACE L.A. 26
TELEPHONE HOLLYWOOD 9.2343
3

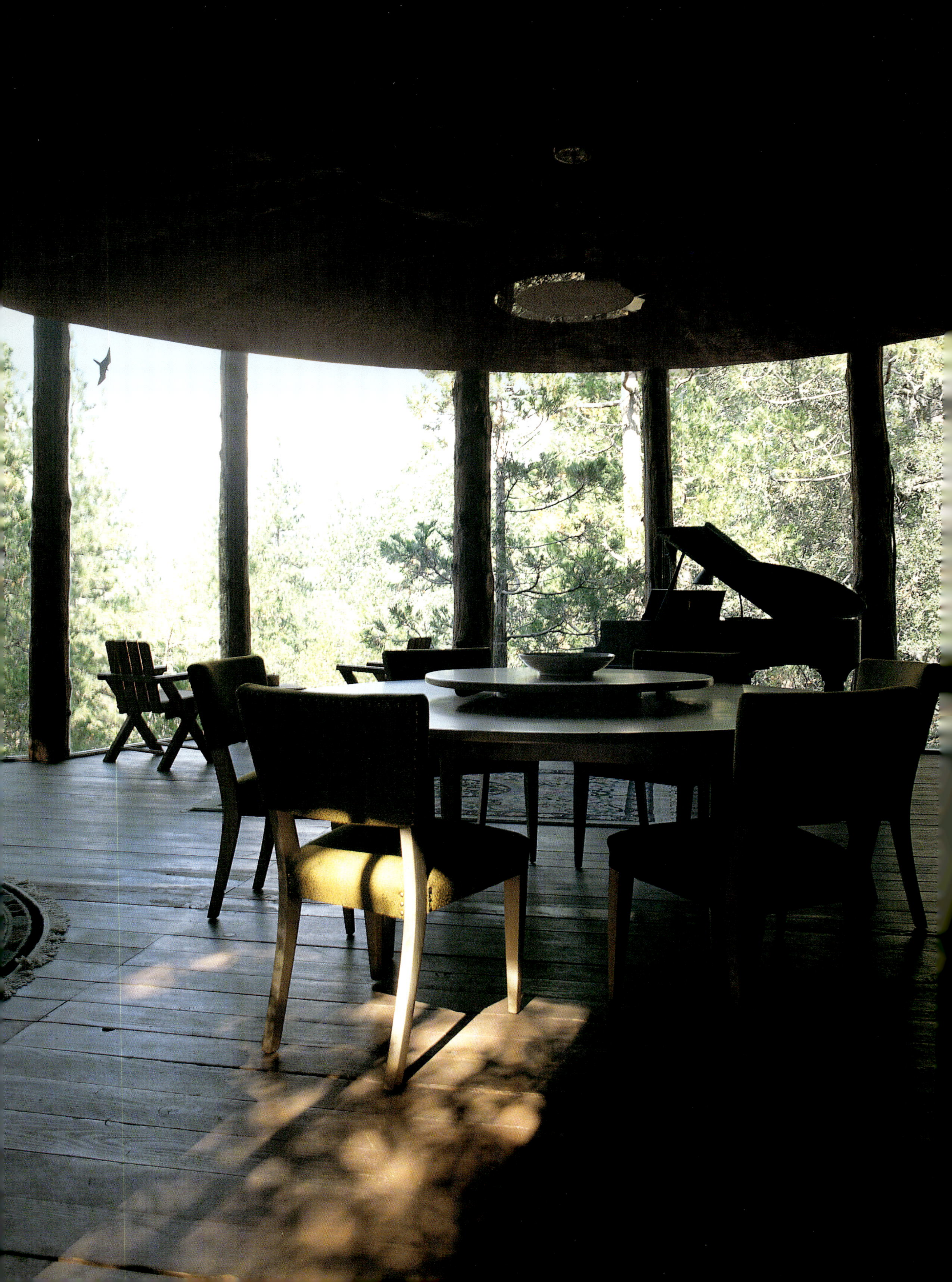

Entrance, Eingangsbereich, L'entrée

Opposite: Main room. As Mrs Pearlman was a fine pianist the faceted glass envelope and sloping ceiling were designed with acoustics in mind.
Linke Seite: Hauptwohnraum. Da Mrs. Pearlman Pianistin war, entwarf Lautner die konkave Deckenform und die facettierte Glasfront auch im Hinblick auf gute Akustik.
Page de gauche: La pièce principale. Mme Pearlman étant une excellente pianiste, l'enveloppe à facette et le plafond incliné furent conçus en pensant à l'acoustique.

CHEMOSPHERE

House for Mr and Mrs Leonard Malin
Hollywood, California, 1960

View from the hillside. Access to the Residence is by funicular.
Blick vom Hang. Eine kleine Seilbahn führt zum Eingang des Hauses.
La maison vue du flanc de la colline. L'accès se fait par un funiculaire.

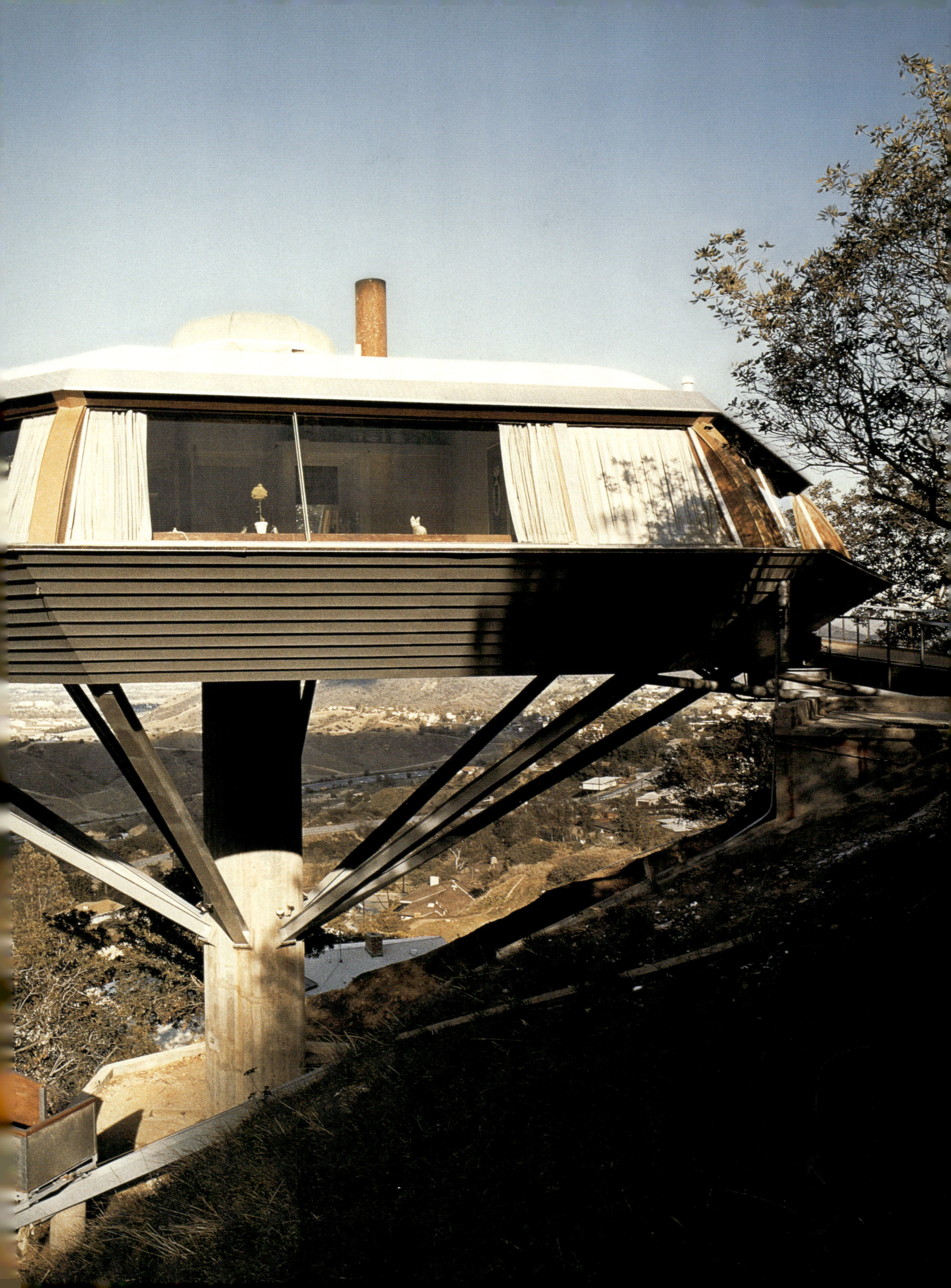

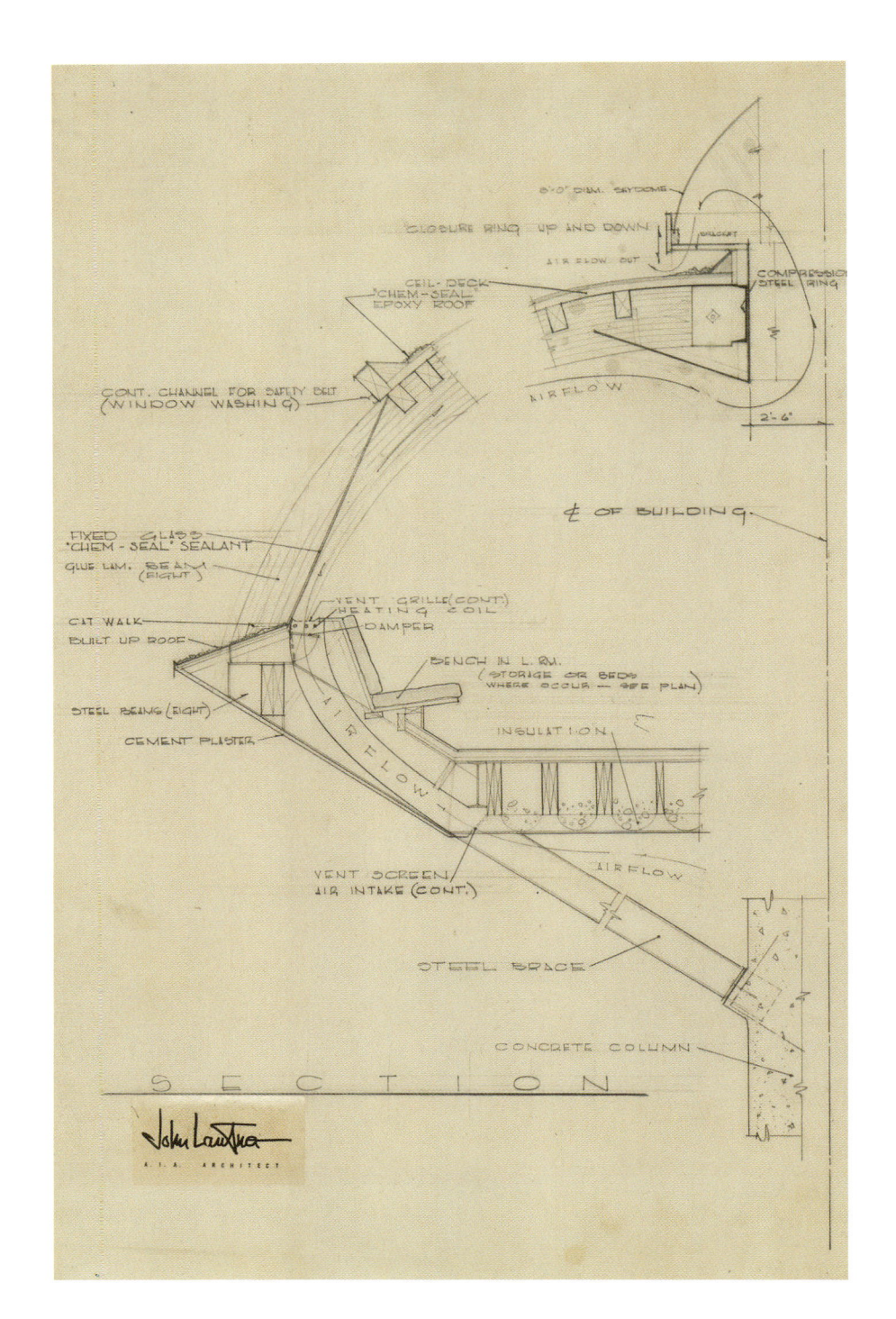

Opposite: Terrace. To eliminate vertigo, Lautner closed down the roof and thickened the perimeter upstand.

Rechte Seite: Terrasse. Als Schutz vor Schwindelgefühlen zog Lautner das Dach weiter herunter und verbreiterte die Fensterbrüstungen.

Page de droite: La terrasse. Pour supprimer le vertige, Lautner rabattit le toit et épaissit le rebord en pourtour.

Section. The edge detail accommodates storage and a seat.

Querschnitt. In die Umfassung sind Wandschränke und ein Sofa eingebaut.

Coupe. Des rangements et une banquette sont aménagés dans la courbe.

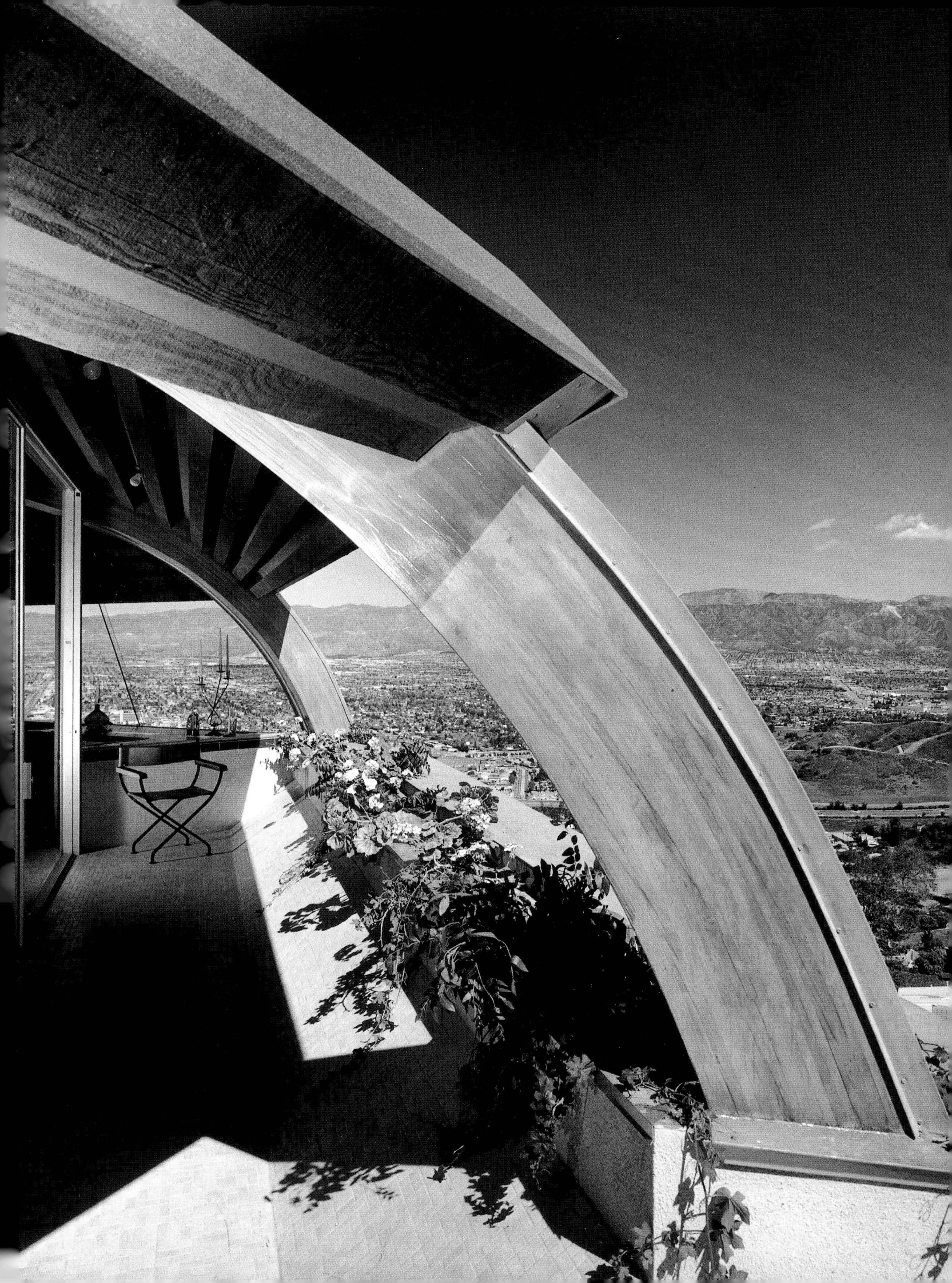

Builder John de la Vaux solved the problem of constructing on a steep site by using an innovative system of guyropes and winches. Leonard Malin, an aircraft engineer, specified a glue developed for aeroplane frames for the structural connections of the house.

Der Bauunternehmer John de la Vaux löste die Baustellenprobleme am Steilhang mit Hilfe eines neuartigen Seilwindensystems, und Leonard Malin, ein Flugzeugingenieur, ließ einen für den Flugzeugbau entwickelten Spezialkleber für die tragenden Verbindungen verwenden.

Le constructeur John de la Vaux résolut le problème de construction sur une pente escarpée grâce à un nouveau système de câbles et de treuils. Leonard Malin, ingénieur en aéronautique, recommanda une colle mise au point pour les structures d'avions pour les raccordements structurels.

Connection detail
Verbindungsdetail
Détail de raccordement

Detail of curved laminated timber roof beam and sunshading screen
Detail eines gekrümmten Dachbalkens aus Holzlaminat mit Sonnenschutzblenden
Détail d'une poutre de bois lamellé et des pare-soleil

The key services of the Malin Residence run up a 3 ft diameter duct in the 6 ft diameter concrete stalk, which supports the platform of the house 30 ft in the air.

Die Hauptversorgungsleitungen sind in einem runden Schacht mit einem Durchmesser von 90 cm im zentralen Stützpfeiler des Hauses mit einem Durchmesser von 1,80 m untergebracht. Die Plattform schwebt etwa 9 m über dem Boden.

Les conduits techniques passent dans un tuyau de 90 cm de diamètre dans le pilier de 1,80 m de diamètre qui soutient la plate-forme de la maison à 9 m de haut.

Opposite: Night view with Los Angeles stretched out below
Rechte Seite: Blick vom Wohnraum auf das nächtliche Los Angeles
Page de droite: Vue nocturne, avec Los Angeles au pied de la maison

Above: View from the living room towards the dining area and kitchen. The fireplace is to the hill side of the octagonal roof-light at the center.
Oben: Blick vom Wohnraum auf Eßbereich und Küche. Der Kamin befindet sich auf der Hangseite des achteckigen Oberlichts im Mittelpunkt.
Ci-dessus: La zone des repas et la cuisine vues du séjour. La cheminée est implantée vers la colline, presque en dessous du lanterneau octogonal au centre.

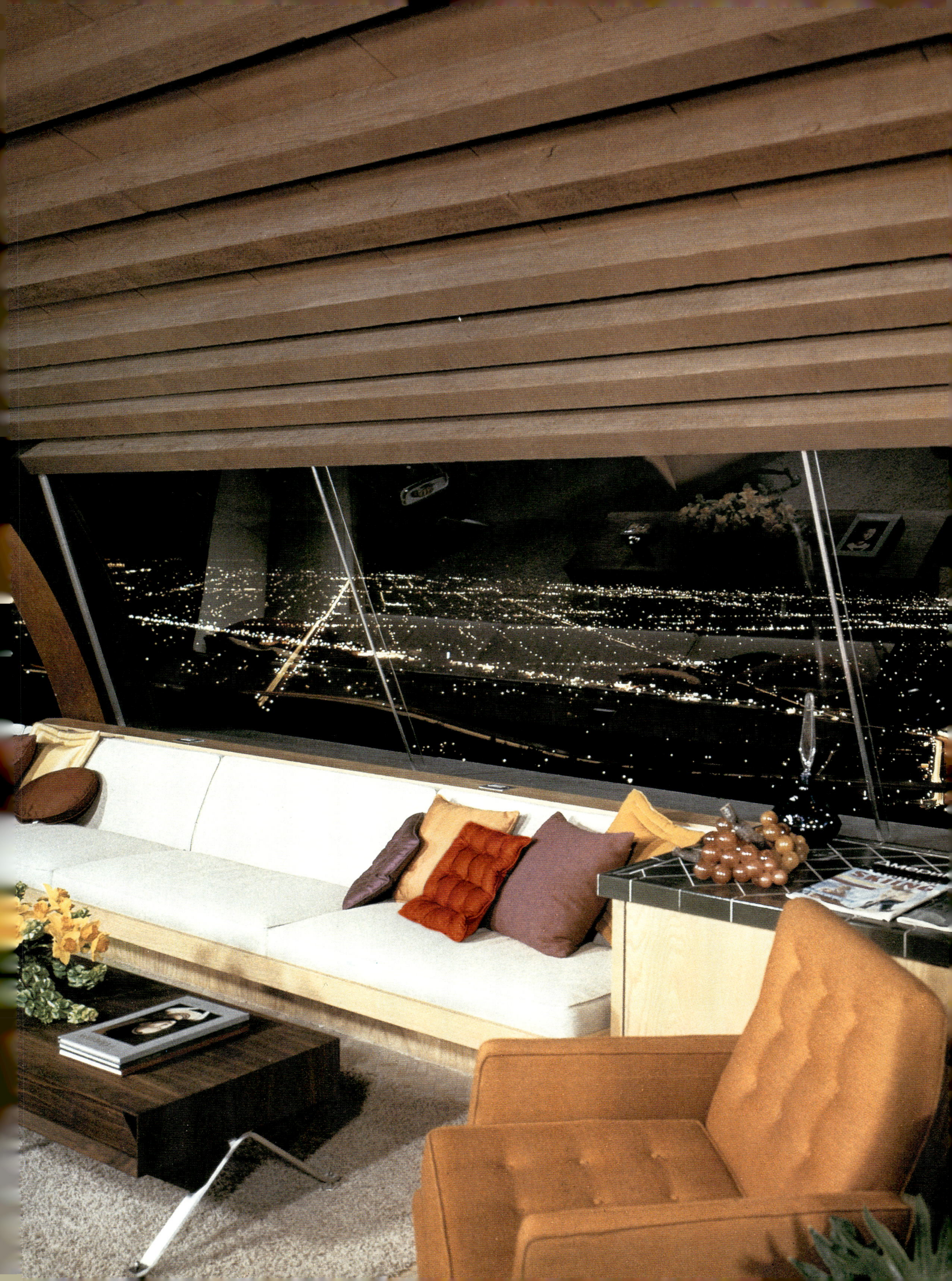

WOLFF

House for Marco Wolff jr.
Hollywood, California, 1961

Above: View of the bedroom level deck, with pool below
Oben: Blick auf das Balkondeck vor den Schlafzimmern und das Schwimmbecken
Ci-dessus: Le niveau de la chambre, avec la piscine en contrebas

Opposite: View from below. In the foreground is the front of the swimming pool.
Rechte Seite: Ansicht von unten. Vorne der vordere Abschluß des Schwimmbeckens.
Page de droite: Vue en contre-plongée. Au premier plan, l'avancée de la piscine.

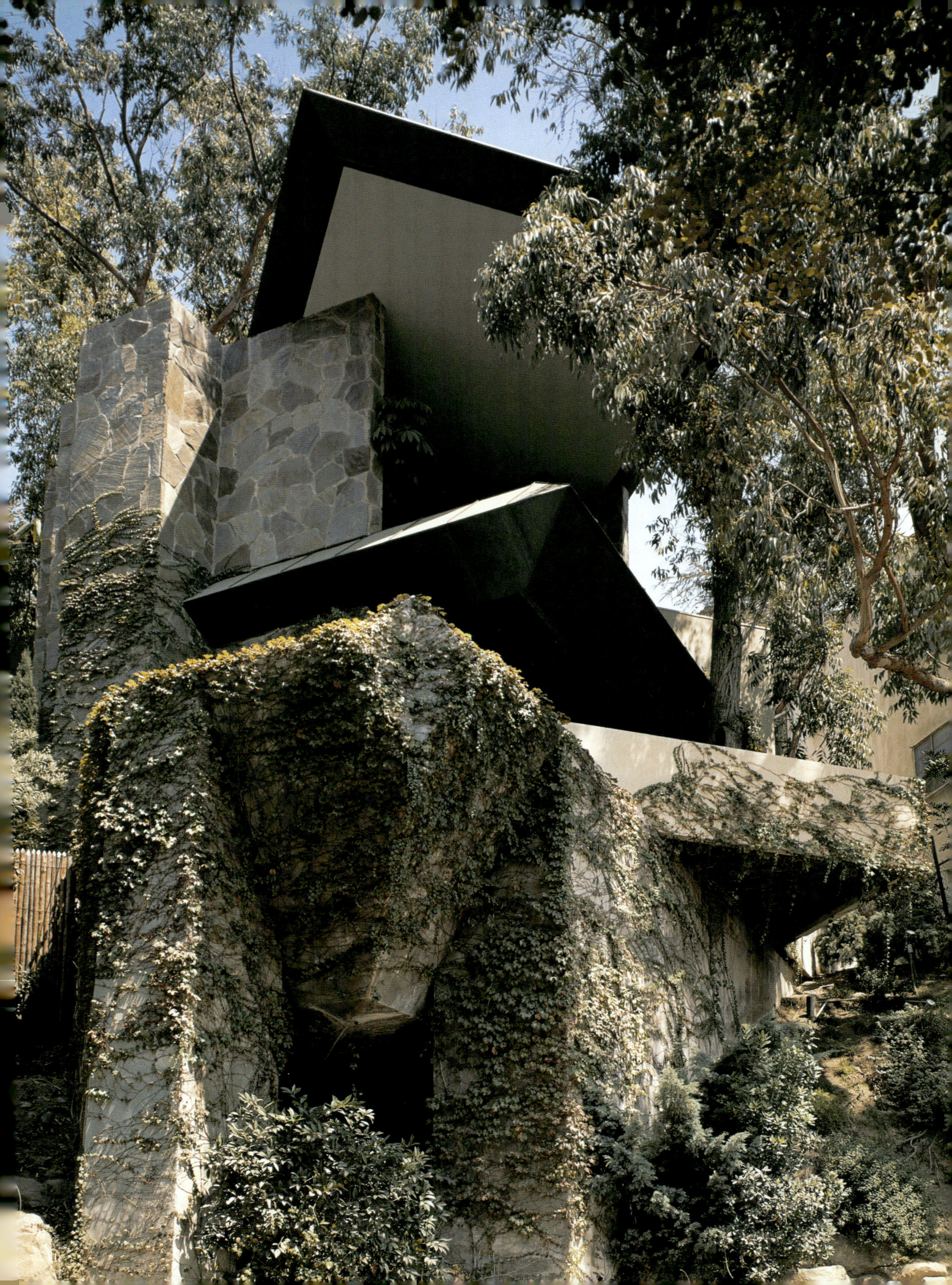

Section sketch and sketch of entry level

Querschnittskizze und Skizze der Eingangsebene

Croquis de coupe et croquis du niveau de
l'entrée

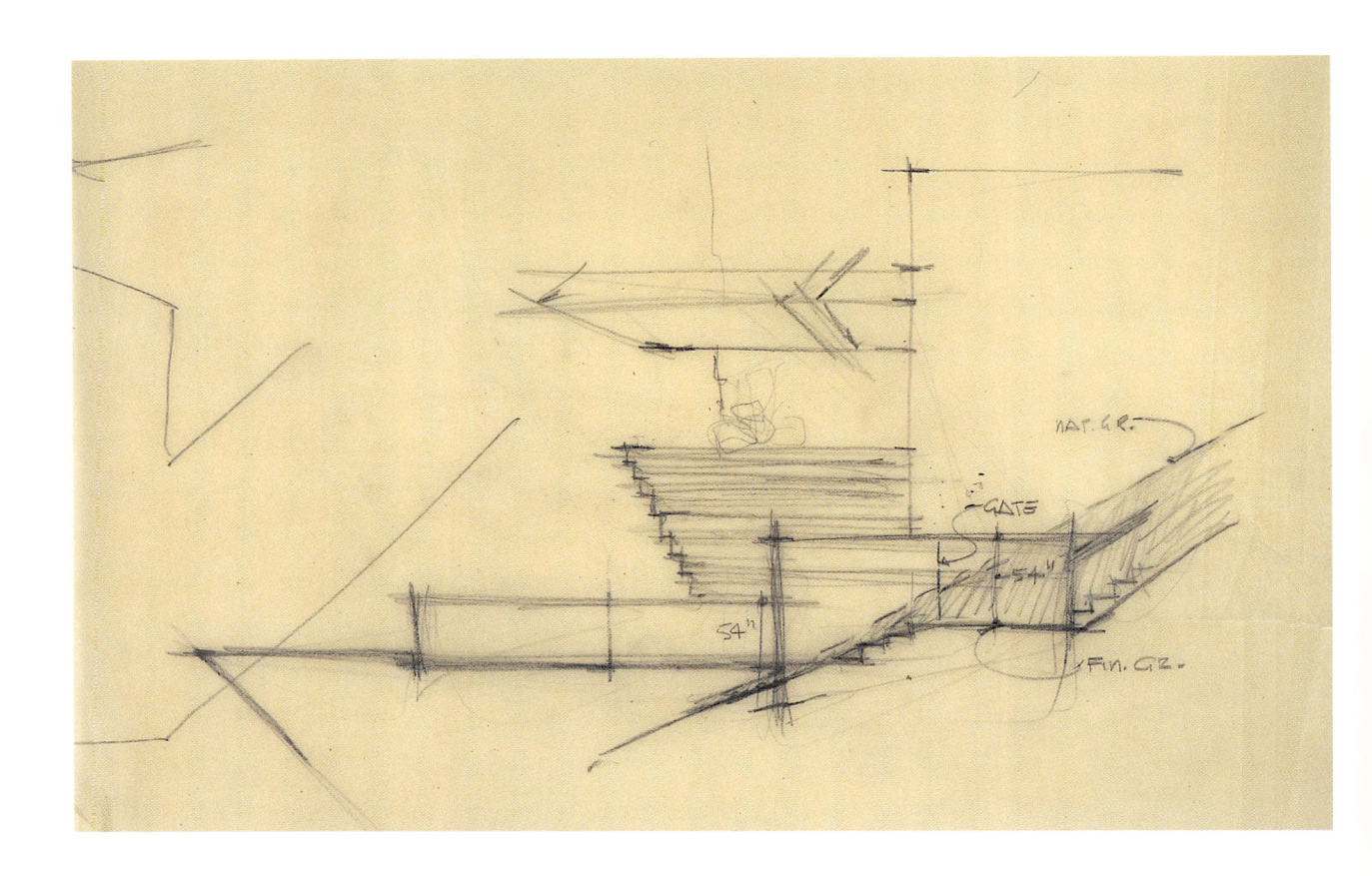

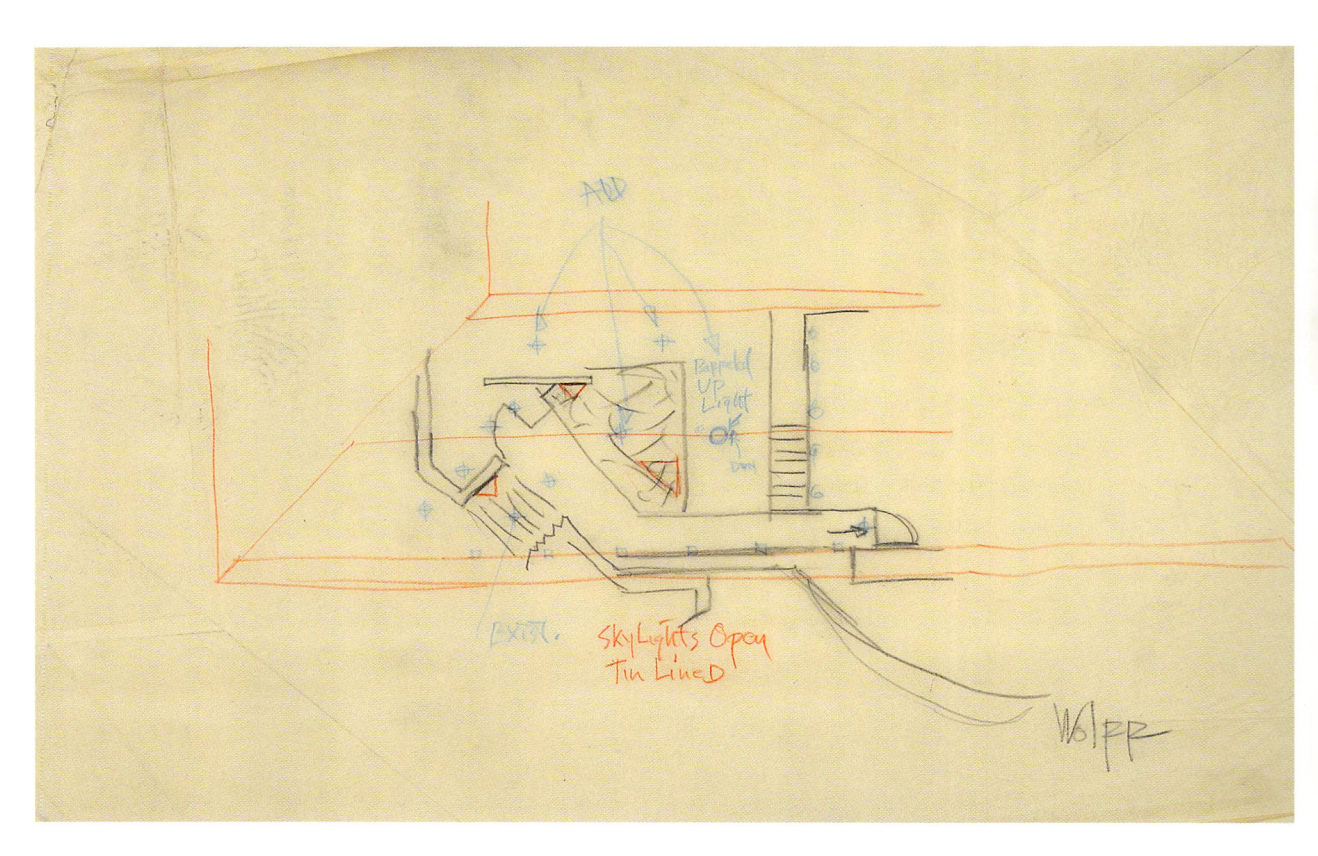

84

Section drawing. The stone walls create private spaces at each level and provide privacy and a sense of permanence.
Schnittzeichnung. Die Wände aus Naturstein schaffen geschützte Privatbereiche auf jeder Ebene und vermitteln zugleich den Eindruck robuster Dauerhaftigkeit.
Dessin de coupe. Les murs de pierre déterminent des espaces privatifs à chaque niveau, et offrent à la fois de l'intimité et une impression de permanence.

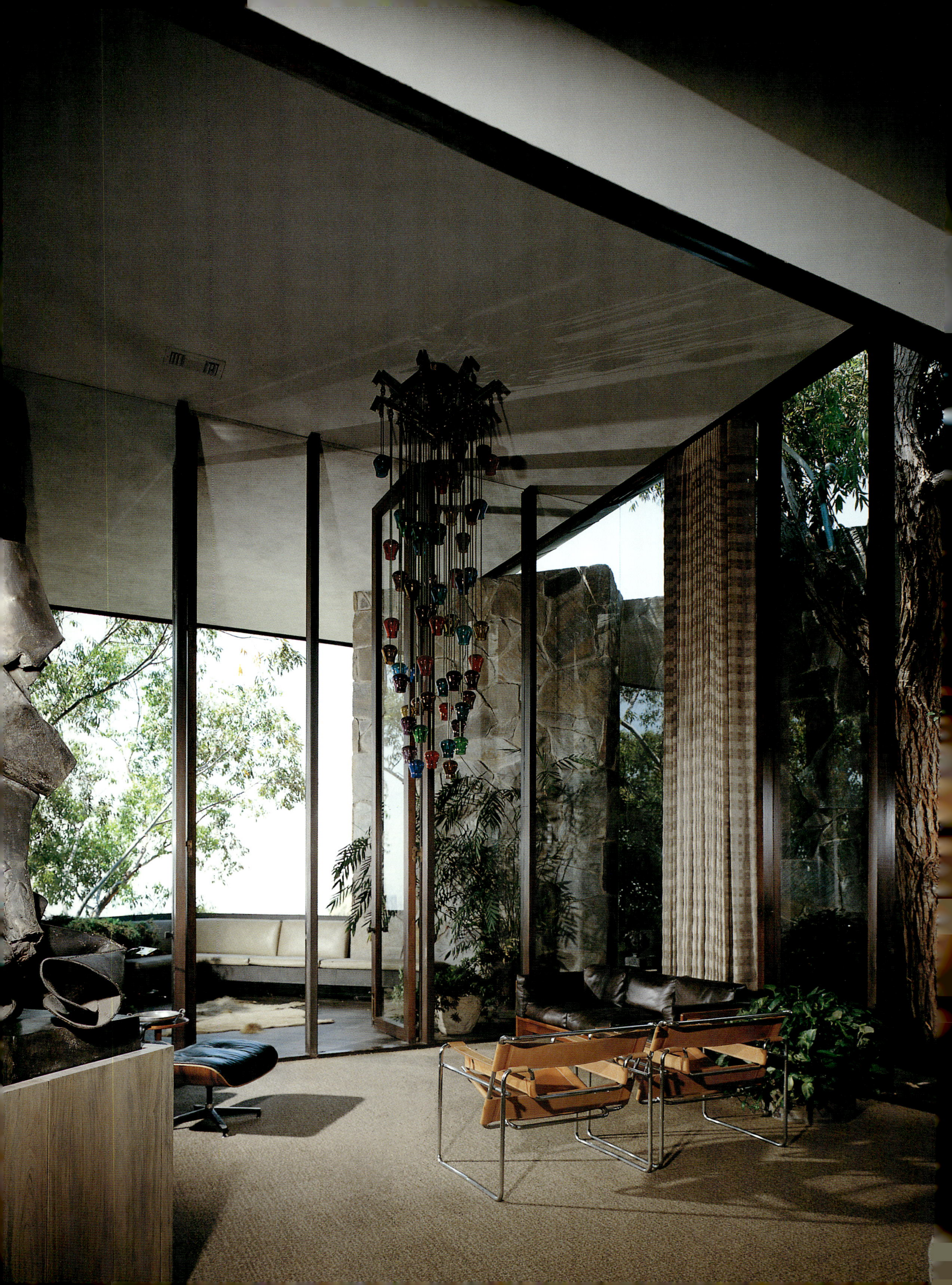

Opposite: Living room. Intimate outside spaces are created between the stone walls and the full-height glazing.
Linke Seite: Wohnraum. Zwischen der raumhohen Glasfront und den Natursteinmauern sind geschützte Außenräume entstanden.
Page de gauche: Le séjour. Des espaces extérieurs intimes sont créés entre les murs de pierre et les parois de verre toute hauteur.

View from the terrace into the living room. The entry staircase is visible.
Blick von der Balkonterrasse in den Wohnraum, mit dem Treppenaufgang zum Eingang
Le séjour vu de la terrasse, avec l'escalier de l'entrée

Living room level terrace
Wohnzimmerterrasse
La terrasse au niveau du séjour

87

GARCIA

House for Mr and Mrs Russ Garcia
Los Angeles, California, 1962

Balcony below
arching roof
Balkon unter dem
Dachvorsprung
Le balcon sous
l'arche du toit

View from below. The long span steel frame of the roof allows flexibility in the organization of the interior, as the partitions are not load-bearing.
Ansicht von unten. Die große Spannweite des Stahldachs ermöglichte die freie Aufteilung des Hausinneren, da keine tragenden Wände erforderlich waren.
Vue en contre-plongée. La structure d'acier de longue portée du toit autorise toute la souplesse nécessaire à l'intérieur, puisque les cloisons ne sont pas porteuses.

View from the hillside. The service block abuts the glazed rear elevation.
Rückseite des Hauses. Die Haustechnik- und Wirtschaftsräume schließen sich an die verglaste Rückfront an.
La maison vue de la colline. La partie réservée aux services vient buter contre la façade vitrée arrière.

Living room. The kitchen is located behind the low wall with inbuilt seating at the end of the room.
Wohnraum. Die offene Küche befindet sich hinter der niedrigen Mauer mit eingebautem Ecksofa am Ende des Raums.
Le séjour. La cuisine se trouve derrière le muret à banquettes intégrées du fond de la pièce.

SILVERTOP

House for Mr and Mrs Kenneth Reiner
Los Angeles, California, 1963

View across the swimming pool to the music room. The pool is detailed with an "overflowing edge" to merge seamlessly with the view of Silver Lake below.
Blick über das Schwimmbecken in das Musikzimmer. Wenn man auf der Terrasse sitzt, hat man den Eindruck, das Wasser fließe auf der anderen Seite des Beckens „nahtlos" in den Silver Lake.
Le salon de musique, au-delà de la piscine. Celle-ci est à débordement pour se fondre avec la vue sur Silver Lake, en contrebas.

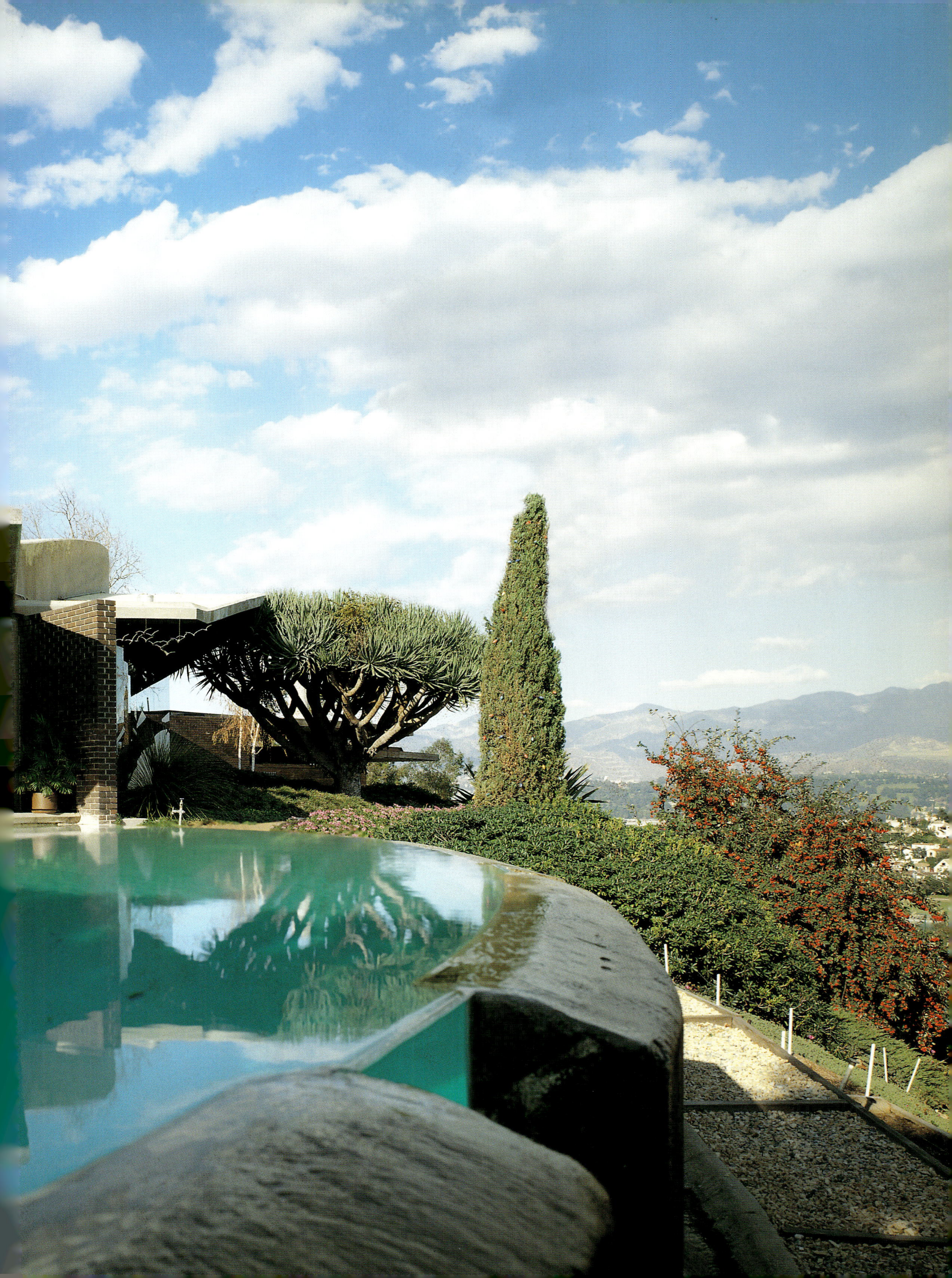

Construction photograph of the concrete roof. The main roof spans across the main living area with no intermediate supports.
Ausführung des freitragenden Betondaches, das den Hauptwohnraum überspannt
La construction du toit de béton. Le toit principal recouvre l'espace de séjour principal sans supports intermédiaires.

View from under the living room roof
Ausblick von der Terrasse unter dem Vordach des Wohnraums
Vue prise de dessous le toit du séjour

Automobile ramp. The ramp cantilevers from the wall of the guest house.
Autorampe. Sie kragt aus der Mauer des Gästehauses vor.
La rampe pour les voitures, en porte-à-faux par rapport à la maison d'amis

View of the roofs in construction from the tennis courts below. The shapes of the roofs create a "new hilltop".
Blick von der unter dem Haus liegenden Tennisplatzanlage auf die Dachkonstruktionen während der Bauzeit. Die Dächer schaffen eine „neue Hügelkuppe".
Les toits en construction, vus des courts de tennis en contrebas. La forme des toits crée un nouveau «couronnement» de la colline.

SOUTH ELEVATION

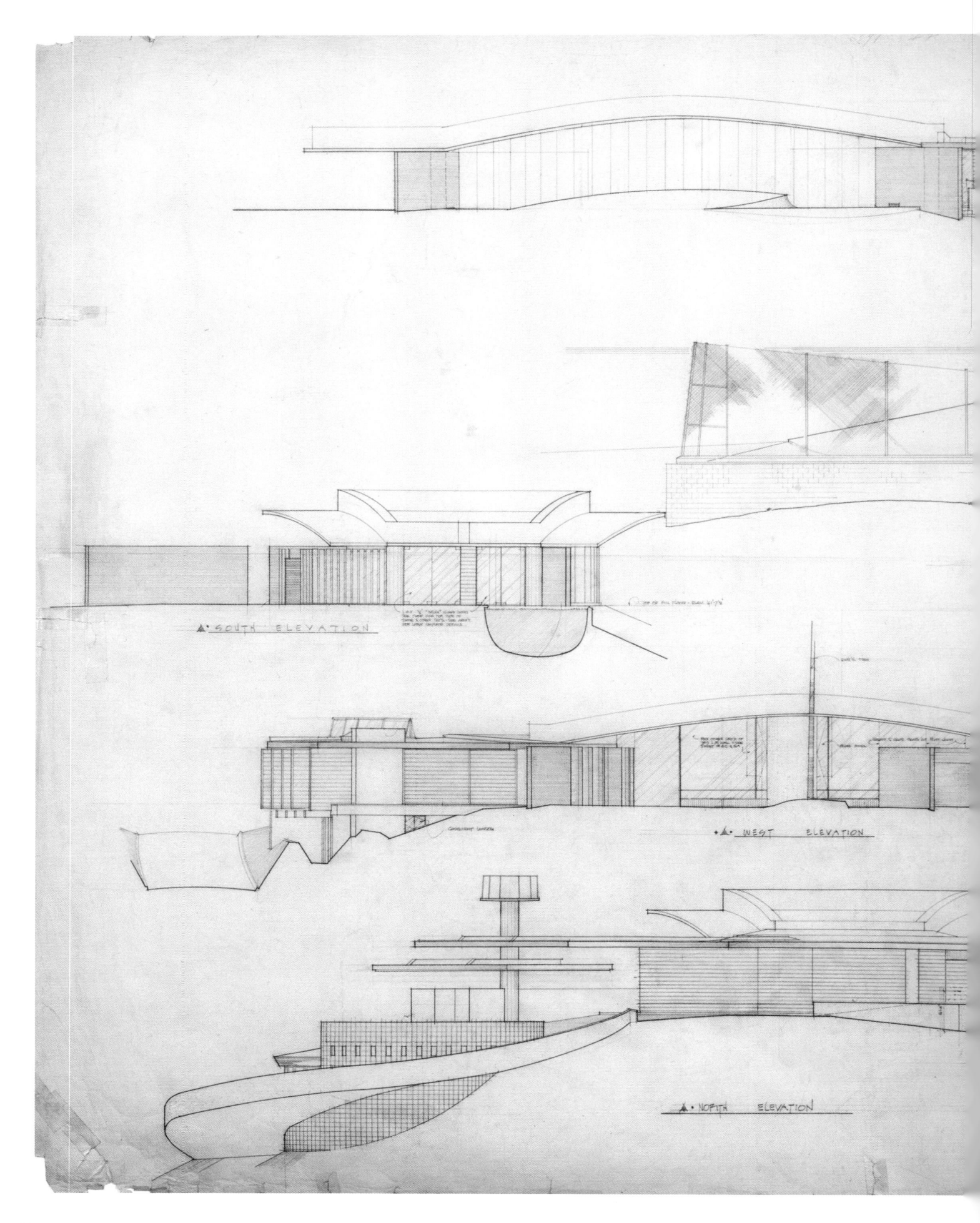

WEST ELEVATION

NORTH ELEVATION

Elevation drawings, Aufrisse, Elévations

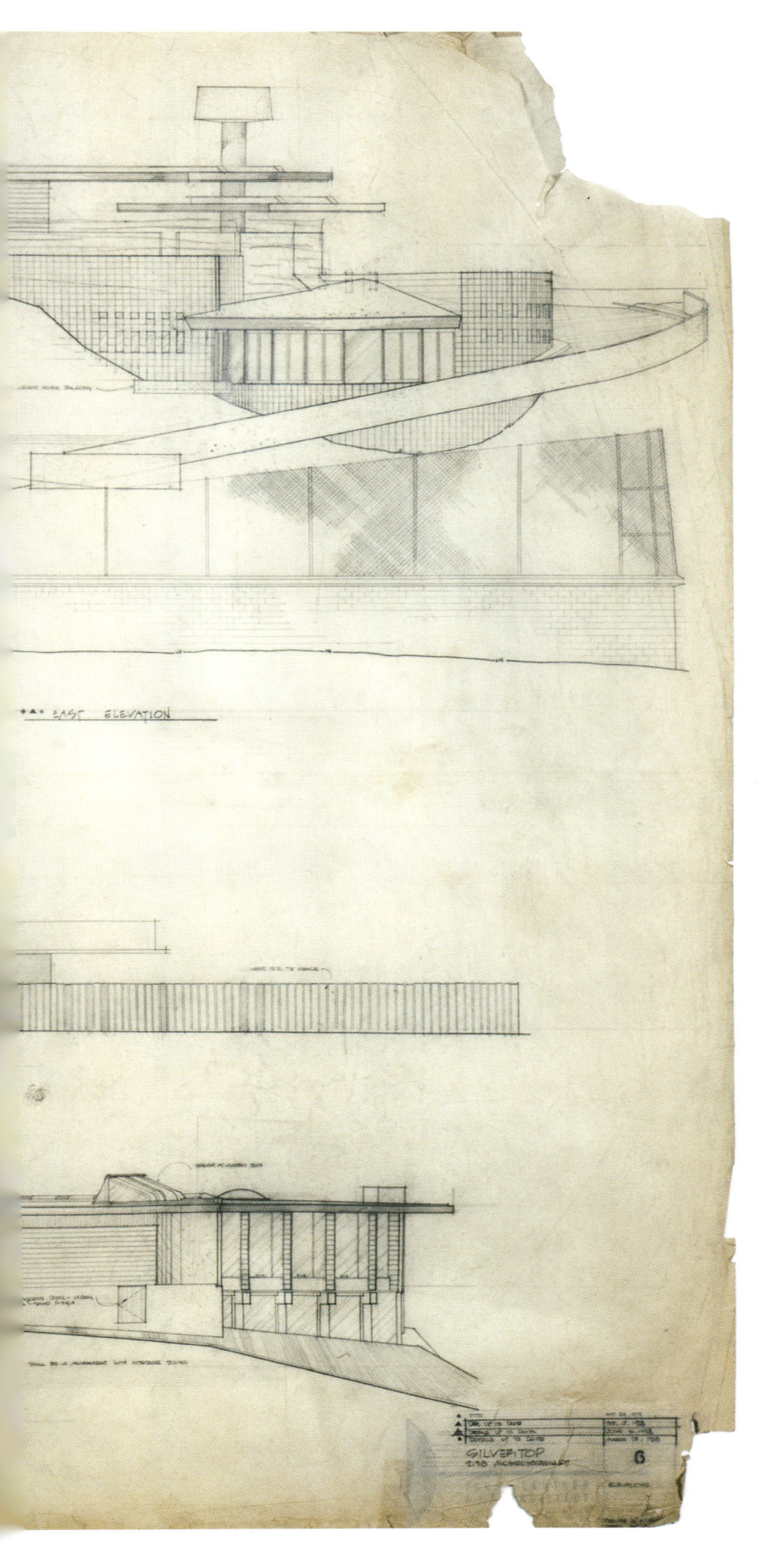

Opposite: Living room. The hangers suspending the frameless glass were produced in Reiner's own workshops.
Rechte Seite: Wohnraum. Die Aufhängung für die rahmenlosen Glasscheiben wurde in Reiners eigenen Werkstätten produziert.
Page de droite: Séjour. Les suspensions du mur de verre sans châssis furent fabriquées dans l'atelier de Reiner.

Above: View to the swimming pool from the corner of the living room adjoining the music room
Oben: Ansicht des Schwimmbeckens von der Wohnraumecke neben dem Musikzimmer
Ci-dessus: La piscine vue de l'angle du séjour, près du salon de musique

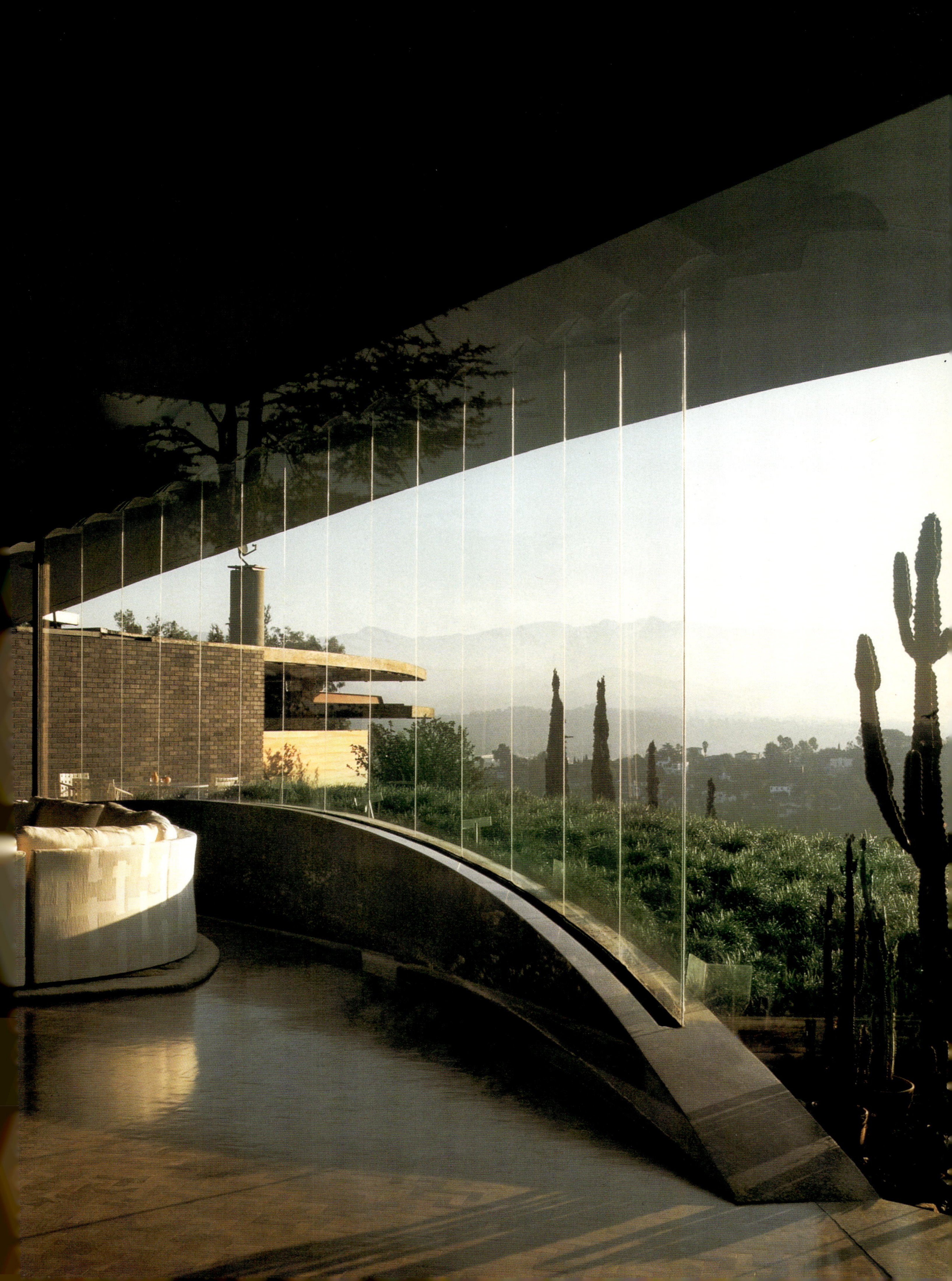

Sliding door to the living room. Reiner specially developed a flexible screw-drive to propel the sliding door along its curving path.
Schiebetür zum Wohnraum. Reiner entwickelte eine flexible Antriebswelle, damit die Schiebetürelemente über die gebogene Schiene gezogen werden konnten.
Les portes coulissantes du séjour. Reiner mit au point un rail flexible pour les guider dans la courbe.

Living room area with view of fireplace. A planted court is located behind the fireplace.
Wohnbereich mit Blick zum Kamin, hinter dem sich ein begrünter Innenhof befindet
Le séjour et la cheminée. Un jardin est aménagé derrière celle-ci.

Bathroom to the master bedroom. The wall to the left adjoins a planted triangular space allowing light into the bathroom but preserving its privacy. Floors are terrazzo and walls are lined with marble.

Badezimmer neben dem Elternschlafzimmer. Die niedrige Mauer zur Linken schließt ein dreieckiges Pflanzbecken ab; von dort fällt Tageslicht in den Raum. Die Böden bestehen aus Terrazzo, die Wände sind mit Marmor verkleidet.

La salle de bains de la chambre principale. Le mur de gauche dissimule un espace triangulaire planté qui éclaire la pièce tout en préservant son intimité. Les sols sont en terrazzo et les murs plaqués de marbre.

The house from the tennis courts. The guest house is located in the rotunda enclosed by the vehicular access ramp. Above the guest house, on the same level as the main house, are the carports and, to the left, the kitchen.

Das Haus von den Tennisplätzen aus gesehen. Um das Gästehaus in der Rotunde führt die Zufahrtsrampe herum. Über ihm und auf gleicher Ebene mit dem Haupthaus befinden sich die überdachten Autostellplätze und linker Hand die Küche.

La maison vue du court de tennis. La maison d'amis se trouve dans la rotonde, à l'intérieur de la rampe circulaire. Au-dessus, au même niveau que la maison principale, le parking couvert pour les voitures, et à gauche, la cuisine.

ELROD

House for Mr Arthur Elrod
Palm Springs, California, 1968

Above: View of the conical concrete roof of the main space of the Elrod Residence from the entry court on the street side of the house. The segmental glass clerestories of the roof are protected from the western sun.
Oben: Blick vom straßenseitigen Eingangshof auf das konische Betondach des Wohnraums des Hauses Elrod. Die Abdeckungen der Glasoberlichter schützen vor dem direkten Sonnenlicht.
Ci-dessus: Le toit de béton conique au-dessus de l'espace principal de la Elrod Residence, vu de la cour d'entrée, côté rue. Les verrières du toit sont protégées du soleil couchant.

Opposite: Living room. The floor is slate, arranged in a herringbone pattern. The client was a well-known interior designer.
Rechte Seite: Wohnraum. Der Boden ist im Fischgrätmuster mit Schieferplatten belegt. Der Bauherr war ein in Amerika sehr bekannter Innenarchitekt.
Page de droite: Le séjour. Le sol est en ardoise et disposé en chevron. Le client était un décorateur très connu.

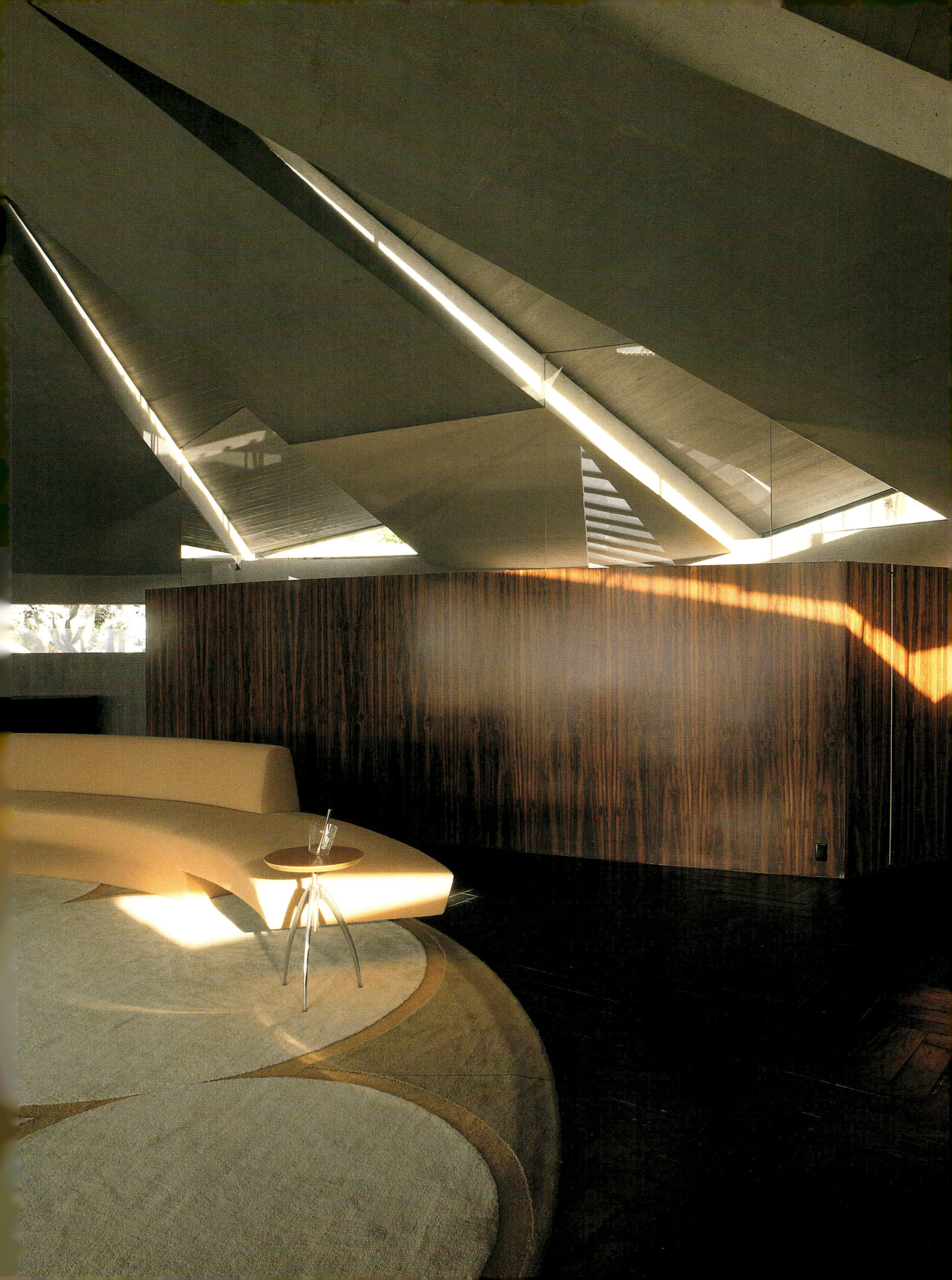

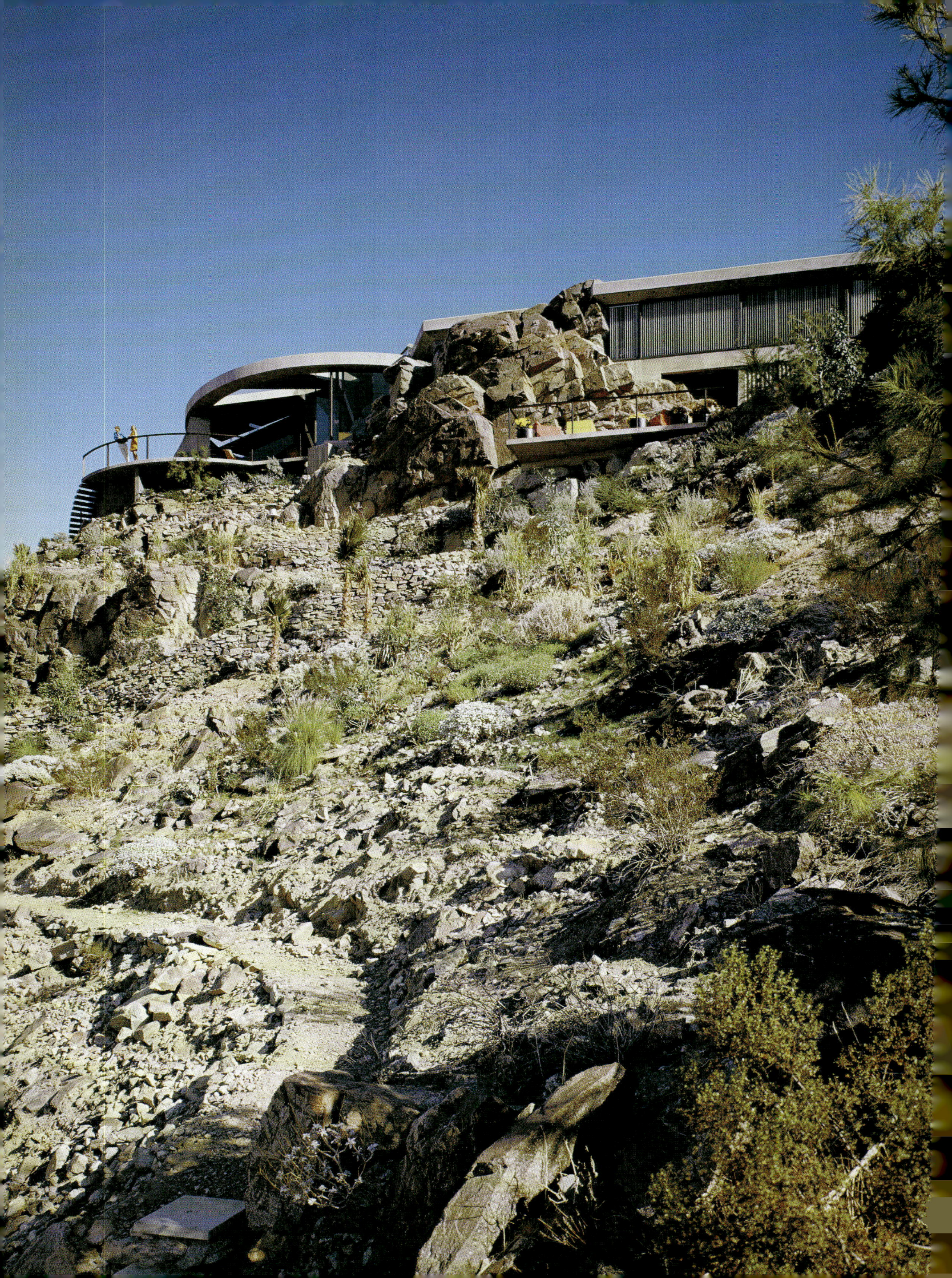

Opposite: View of the house from the hillside below, showing the edge of the living room roof and the pool-side steps to the hillside on the left. The master bedroom and bathroom are in the block on the right.

Linke Seite: Ansicht des Hauses von unten. Links sind die Dachkanten des Wohnraums und die Treppen zum Schwimmbecken zu sehen. Rechts befindet sich das Elternschlafzimmer mit eigenem Badezimmer.

Page de gauche: La maison vue du pied de la colline. On voit l'acrotère du toit du séjour et l'escalier en bordure de piscine, qui descend à gauche. La chambre principale et sa salle de bains sont situées dans le bloc de droite.

Above: View of the living room looking out to the night view. At night the circular carpet appears to float on the black slate floor, dramatizing the display of the lights of Palm Springs in the valley below.

Oben: Ausblick vom Wohnraum bei Nacht. Bei Dunkelheit scheint der große runde Teppich auf dem schwarzen Schieferfußboden wie auf einem dunklen Wasserspiegel zu schwimmen, während unten im Tal die Lichter von Palm Springs zu sehen sind.

Ci-dessus: Vue nocturne du séjour. La nuit, les tapis circulaires semblent flotter sur le sol en ardoise noire, dramatisant la présence des lumières de Palm Springs dans la vallée.

Section drawing, showing how the roof perimeter beam and pool edge were set out to create the desired sightlines.
Schnittzeichnung zur Festlegung der Kanten von Dach und Schwimmbecken im Hinblick auf die gewünschten Sichtlinien.
Dessin de coupe, montrant la façon dont la poutre périmétrique du toit et le rebord de la piscine ont été conçus pour déterminer la vue.

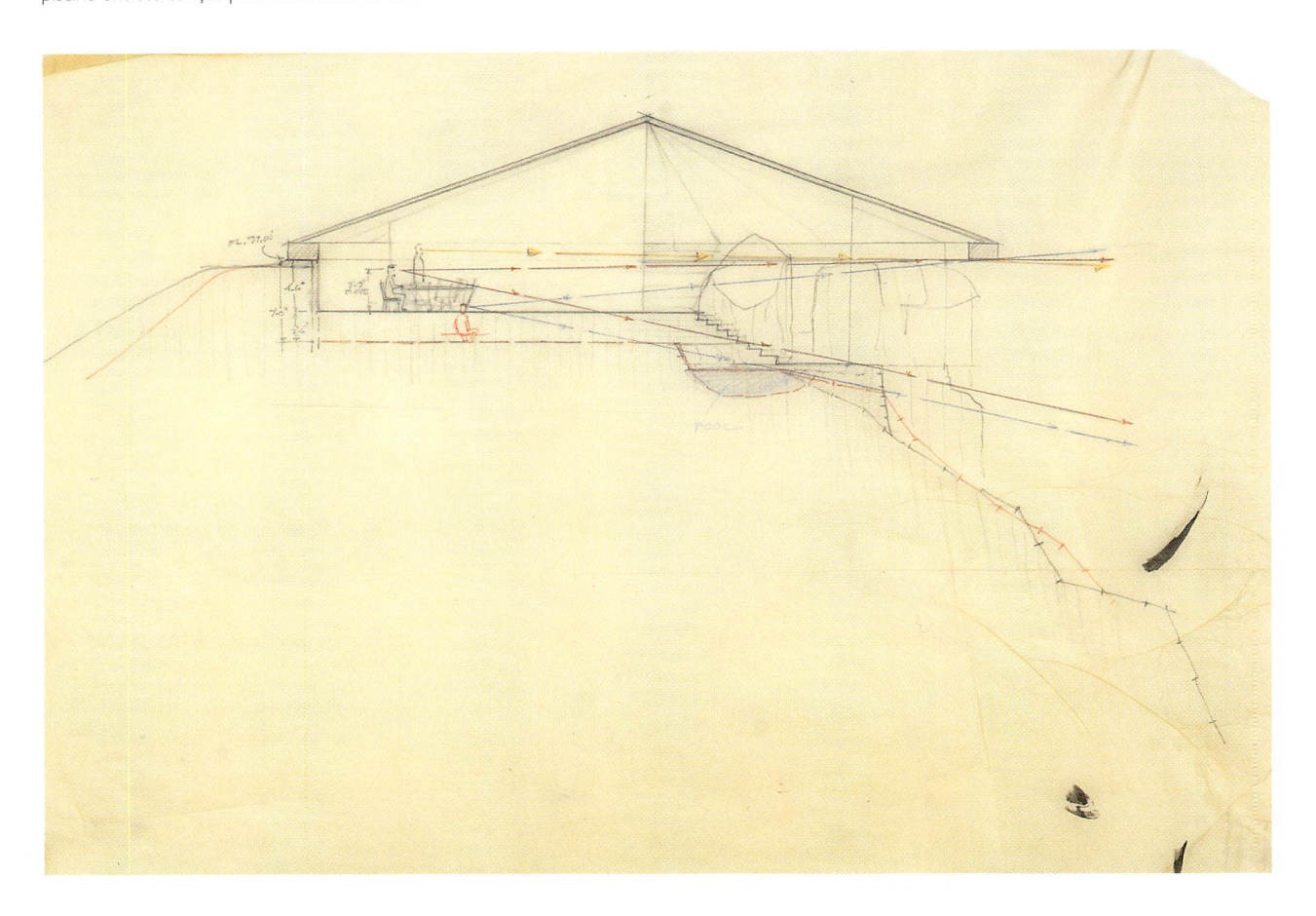

Model. Lautner made extensive use of models quickly made out of cardboard or similar material to describe the three-dimensional spaces he had conceived. The models also helped to communicate ideas to clients and develop the building details.
Modell. Lautner nutzte vielfach ohne großen Zeitaufwand angefertigte Modelle aus Pappe oder ähnlichen Materialien, um den Bauherren einen räumlichen Eindruck seines Entwurfs zu vermitteln und Details auszuarbeiten.
Maquette. Lautner utilisait beaucoup les maquettes rapides, en carton ou en matériau léger, pour représenter les espaces et les volumes qu'il avait conçus. Elles servaient également à faire comprendre ses idées aux clients, et à mettre au point certains détails de construction.

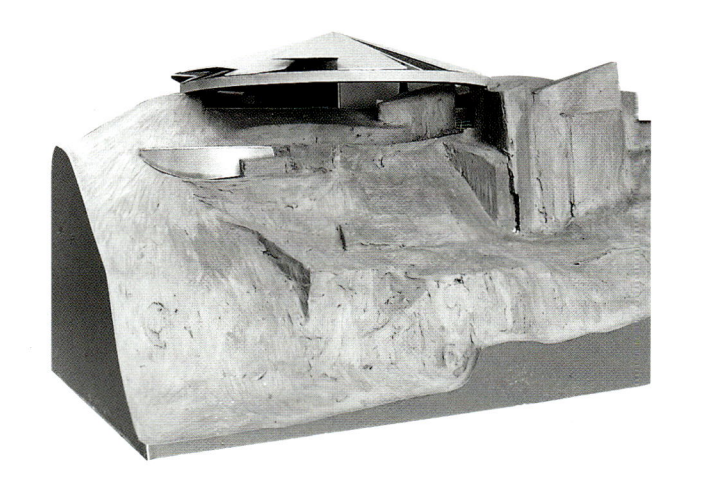

Desert flowers on roof

Das blumenübersäte Dach

Fleurs du désert sur le toit

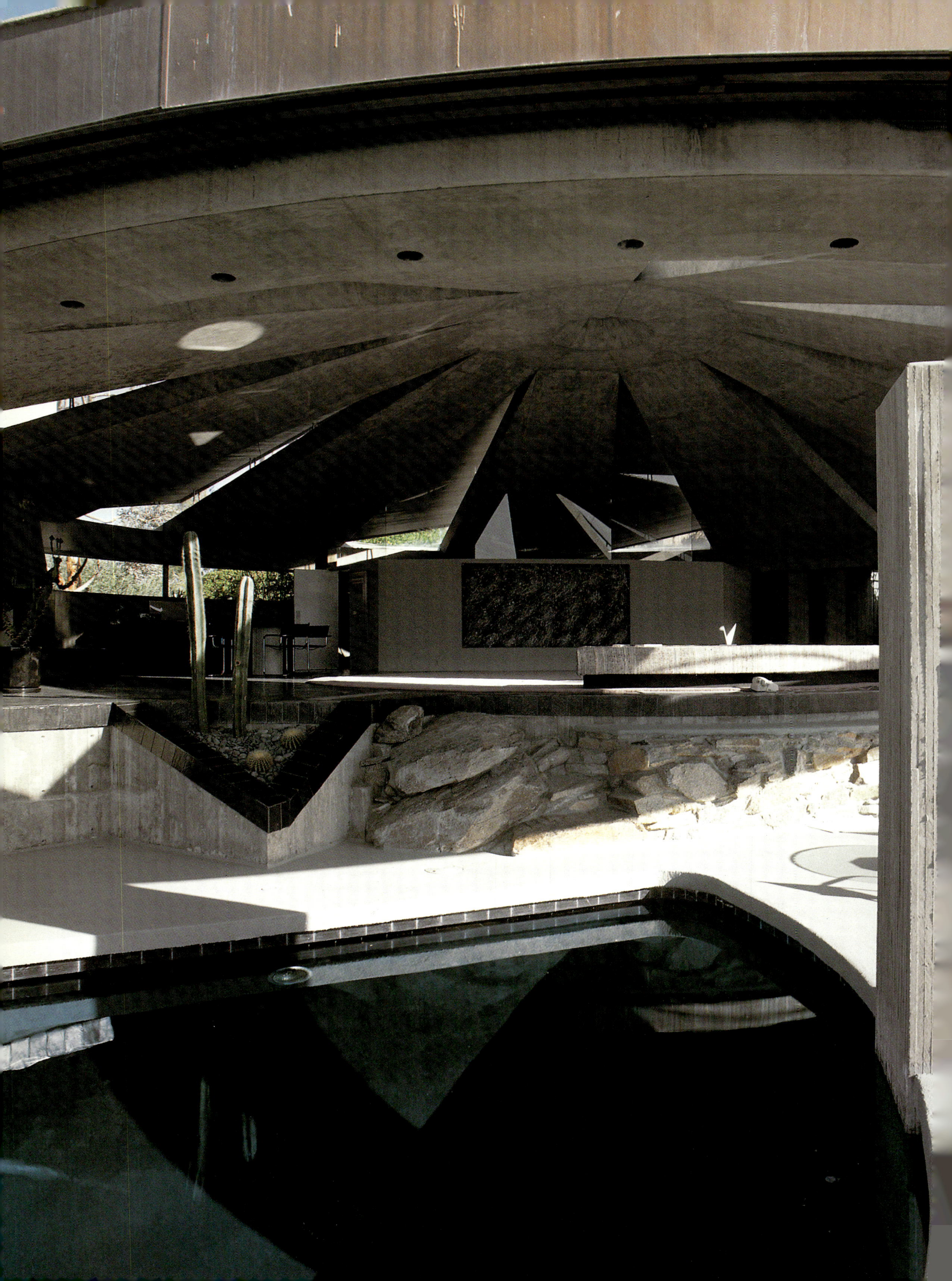

Opposite: View into the living room from next to the pool-side roof pillar after remodel
Linke Seite: Blick in den Wohnraum vom Schwimmbecken aus nach dem Umbau
Page de gauche: Le séjour vu du pilier du toit près de la piscine après modifications

Above: View of the terrace, looking towards the bedroom wing after remodelling. Lautner replaced the living room glazing with full-height sliding glass doors suspended from the perimeter of the roof.
Oben: Die Terrasse mit Blick zum Schlafzimmertrakt nach dem Umbau. Lautner hatte die Wohnzimmerverglasungen durch raumhohe Schiebetüren ersetzen lassen, die von der Dachkante abgehängt wurden.
Ci-dessus: La chambre après transformations, vue de la terrasse. Lautner remplaça le mur de verre du séjour par des portes de verre coulissantes toute hauteur, suspendues au pourtour du toit.

MOUNTAIN CABIN

Cabin for John Lautner
Three Rivers, California, 1974 (project)

Plan. The project for a cabin shows Lautner's interest in juxtaposing the lines of a building against natural forms.
Grundriß. Dieses Projekt belegt Lautners Vorliebe für die Gegenüberstellung von Bauwerk und natürlicher Landschaft.
Plan. Ce projet de pavillon montre l'intérêt porté par Lautner à la juxtaposition des lignes d'un bâtiment et des formes naturelles.

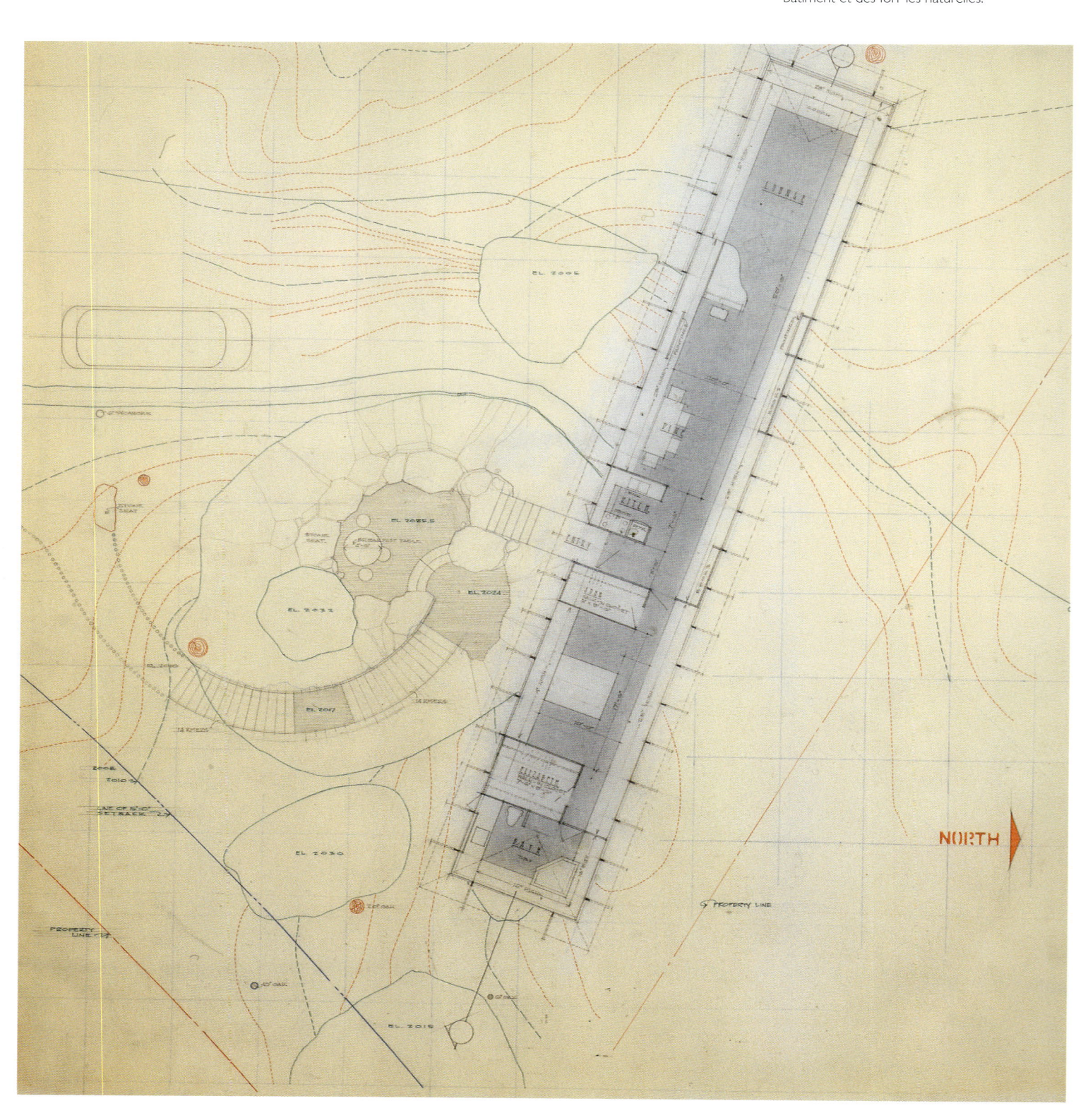

Section drawing
Querschnitt
Coupe

Elevation
Aufriß
Elévation

113

VARIATIONS ON A THEME
Variationen eines Themas   Variations sur un thème

The demands of the Stevens Residence (1968) inspired Lautner to develop a new form of organization. Unlike his previous hillside or hilltop sites, this building is located on a difficult, narrow lot on the edge of the Malibu beach. Lautner was required to build a house with upwards of 12 rooms yet also open it up to the views: mountain at the rear, sea at the front. His solution was to create two opposed concrete catenary shells. The roofs are monolithic and structurally rational, requiring the minimum of support and upkeep. Instead of being sited on topography, they *are* the topography: two waves.

The roof enclosure is colonized by a second structure of wooden floors and wall divisions. The dialectic between the opposing curves is resolved in the central passageway that runs through the house on each floor, and in the stair, which is the centrepiece from which the wooden internal structure grows. The inside of the concrete shells runs through uncluttered and exposed.

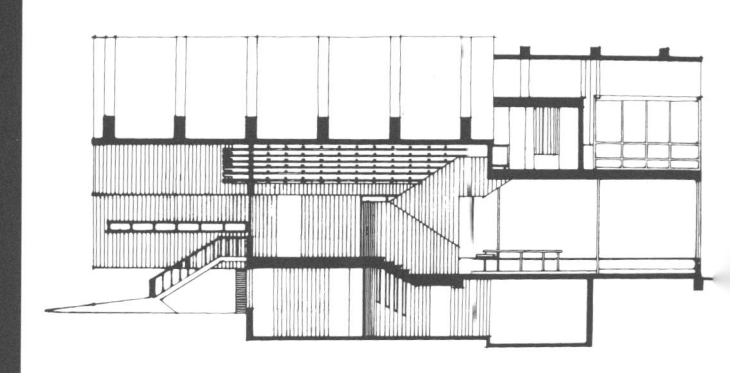

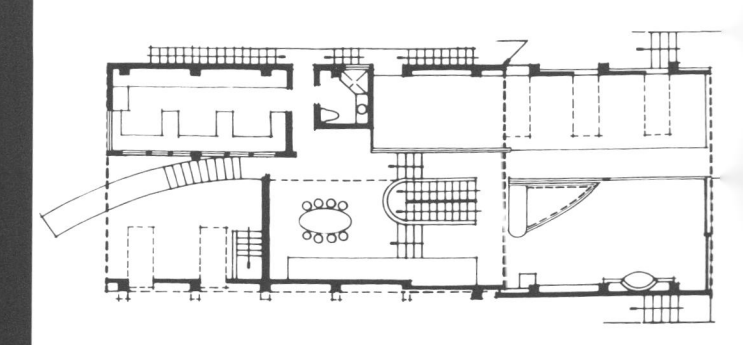

Stevens Residence, Malibu, California, 1968
Section (above) and plan (below)
Querschnitt (oben) und Grundriß (unten)
Coupe (en haut) et plan (en bas)

Die Bedürfnisse der Stevens inspirierten Lautner dazu, für dieses Ferienhaus (1968) eine neue Grundrißgliederung zu entwickeln. Anders als seine vorherigen Häuser auf Hügelkuppen oder -abhängen, steht dieser Bau auf einer schmalen Parzelle direkt am Strand von Malibu. Lautner sollte auf diesem schwierigen Grundstück ein Haus mit mindestens zwölf Räumen und Ausblicken – vorne aufs Meer, hinten auf die Berge – bauen. Er löste diese Bauaufgabe, indem er zwei Betonschalen gegeneinander stellte. Die Dächer sind monolithisch und effizient, da sie ein Minimum an Stützen und Instandhaltung erfordern. Statt sich der Topographie anzupassen, bilden sie selber eine: zwei Wellen.

Unter den Dächern befindet sich eine zweite Konstruktion aus Holzdecks und Trennwänden. Die Dialektik zwischen den entgegengesetzten Dachkurven wird mit der zentralen Erschließungsachse und der Treppe aufgelöst. Sie bildet den Ausgangspunkt des ganzen Innenausbaus. Die Innenseite der Betonschale läuft unberührt und sichtbar durch das ganze Haus.

Hier gibt es keine Aufweitung der Stirnfassaden zwischen Innenraum und Panorama wie bei den Häusern Pearlman und Baldwin. Das Haus ist vielmehr nach innen orientiert, die Hauptsichtachse verläuft der Betonschale folgend nach oben unter die Decke. Die jeweiligen Ausblicke auf die Berge und das Meer sind zweitrangig gegenüber dem Familienleben im Haus und dem Schutz vor der Strandumwelt.

Die Strandhäuser der Krauses und Rawlins (1982 und 1980) weisen eine direktere Beziehung zur Meersicht auf. Das Haus Beyer (1983) wird sogar zum Bestandteil der Küstenlinie, indem der Bug der Terrasse sich zwischen die Felsen unmittelbar am Ufer vorschiebt. Unter dem frei geformten Dach ist die Möblierung der Innenräume zwischen großen Felsbrocken und Sichtbetonwänden eingefügt und verteilt. Hauptsache des Wohnens ist die Panoramasicht. Die Loft-Ebene über dem Hauptwohnraum bietet nur wenig Ausblick auf das Meer, da sich das darüberliegende Dach mit seinen Oberlichtschlitzen sanft bis zur Oberkante der Vollverglasung neigt. Weitere Räume und ein offener Gartenhof befinden sich im hinteren Teil des Hauses. Der Grundriß des Hauses Shearing (1992) ähnelt dem des Hauses Beyer.

Beim Haus Segel (1979) steht der niedrige, dreieckige Wohnraum, wie er von den Häusern Beyer und Shearing bekannt ist, im Gegensatz zum zweigeschossigen Bereich mit den übrigen Räumen. Der große Wohnraum hat ein niedriges, grasbewachsenes Betonschalendach, das Dach des höheren Baukörpers fällt auf dieses von oben ab. Diese beiden Ebenen bilden ein schützendes Dachprofil, das auf der Rückseite des Hauses in einer überraschenden, scharfen Spitze ausläuft. Dieses Profil ist verlängert, um ein Schwimmbecken und einen Innenhof auf der Rückseite des Hauses, der zugleich als Parkplatz und als Partyraum dient, zu umfassen.

Les contraintes imposées par la Stevens Residence (1968) inspirèrent à Lautner la recherche d'une nouvelle forme d'organisation de l'espace. A la différence de ses précédentes réalisations à flanc ou au sommet de colline, il s'agissait ici d'une parcelle de terrain étroite et difficile en bordure de la plage de Malibu. Les Stevens lui avaient demandé une maison d'au moins douze pièces, qui reste cependant ouverte sur le paysage: la montagne d'un côté, l'océan de l'autre. La solution proposée fut de créer deux coquilles de béton en enchaînement. Ces toits monolithiques et structurellement rationnels ne demandent que le minimum de soutien et d'entretien. En forme de vagues, ils créent la topographie au lieu de s'inscrire en elle.

L'enceinte générée par le toit est occupée par une seconde structure de planchers de bois et de cloisonnements. La dialectique de l'opposition des courbes se synthétise dans le passage central qui traverse la maison à chaque niveau, et l'escalier, élément crucial à partir duquel la structure interne en bois se développe. La face intérieure des coquilles de béton reste omniprésente, brute de décoffrage et sans la moindre interruption.

Aucun épaississement en façade entre l'intérieur et la vue comme dans les résidences Pearlman ou Baldwin: la maison est intériorisée, la vue se retournant sur elle-même, sur l'infini de la courbe du toit. Les perspectives vers la montagne et l'océan, des deux côtés, sont secondaires par rapport à la vie de la famille et à la protection de l'environnement de la plage.

Les résidences Krause et Rawlins (1982 et 1980), deux autres maisons de plage, entretiennent une relation plus directe avec la vue sur l'océan, et la Beyer Residence (1983) s'intègre directement dans la ligne de côte, puisque la proue de sa terrasse s'avance vers la mer. Sous la forme libre du toit, le mobilier du séjour trouve place entre de gros rochers et des murs de cloisonnement en béton: le séjour est dans le paysage. A l'étage supérieur, un loft à moitié dissimulé par les parois de verre toute hauteur de la façade, est éclairé par des verrières aménagées dans le plafond. La partie réservée au service et un jardin ouvert donnent sur les espaces sous-marins imaginaires du devant de la maison. La Shearing Residence (1992) partage certaines similarités de plan.

La Segel Residence (1979) possède le même espace de séjour triangulaire que les résidences Beyer et Shearing, mais implanté cette fois au pied du volume double hauteur des chambres. Une coque de béton de faible hauteur, recouverte d'herbe, contient la salle de séjour principale et forme un premier toit dominé en partie par celui de l'étage supérieur. Ces deux couvertures créent un profil protecteur, qui part de la plage même pour culminer dans une sorte de bec pointu à l'arrière de la maison. Il coiffe également une piscine protégée et une cour fermée extérieure à l'arrière pour les voitures ou des réceptions. Le concept lautnerien

There is none of the thickening of the end facades that takes place at Pearlman or Baldwin, between the interior and the view. Instead, the house is internalized: its main axis of view is back on itself, a view to infinity of the curve of the roof. The views to mountain and sea on either side are subsidiary to the life of the family and protection from the beach environment.

The Krause and Rawlins Residences (1982 and 1980), two more beachside houses, have a more direct relationship to the sea view. However, the Beyer Residence (1983) includes itself in the shoreline, with the prow of the terrace pushing into the sea. Beneath the freeform roof the furniture of the living spaces is arranged, rockpool-like, in between boulders and off-shutter concrete walls: the living room is in the view. An upperlevel loft, half secluded from the panorama through the full-height glass of the lower floor, pushes up towards the slotted rooflights in the ceiling. Service accommodation and an open garden support the imaginary underwater spaces at the front of the house. The Shearing Residence (1992) shares some similarities in plan.

The Segel Residence (1979) has the low triangular living space of Beyer and Shearing set against the double height space of the subsidiary accommodation. Contained under two roofs, a lower grass-covered concrete shell encloses the main living space, over which the higher roof swoops. The two create a protective profile, building up from the seashore to culminate in an extraordinary, sharp-edged peak at the rear of the house. This profile is extended to enclose beneath its caul a protected swimming pool and an outdoor courtyard to the rear for parking and parties. Lautner's concept for the house is a cave, protecting the inhabitants from the noise of the highway and high winds.

The intimacy of the interior appears to contradict the exterior. Warm, ship-like timber boarding is used extensively inside. Slots in the boarding admit stripes of light onto the curving walls, enhancing the sense of cavern-like protectiveness. Outside, the large expanses of full-height glazing become one monolithic entity with the roof and concrete outcroppings of stair and chimney, obscuring the real size of the building. In plan, entry is through a slot in the high, windowless wall of the rear, all allusive to the idea of a cave.

Beyer, Segel and Turner (1982) – the last a ski resort house in Colorado – are all built on sites exposed to extremes of weather. In these projects the depth of the roof replaces the thickened envelope of Malin and Pearlman. The transition between inside and outside occurs now in the section of the roof, as implied by its revealed edge. This act of enclosure gives the visual weight necessary to balance the force of the elements.

Segel Residence, Malibu,
California, 1979

Plan, Grundriß, Plan

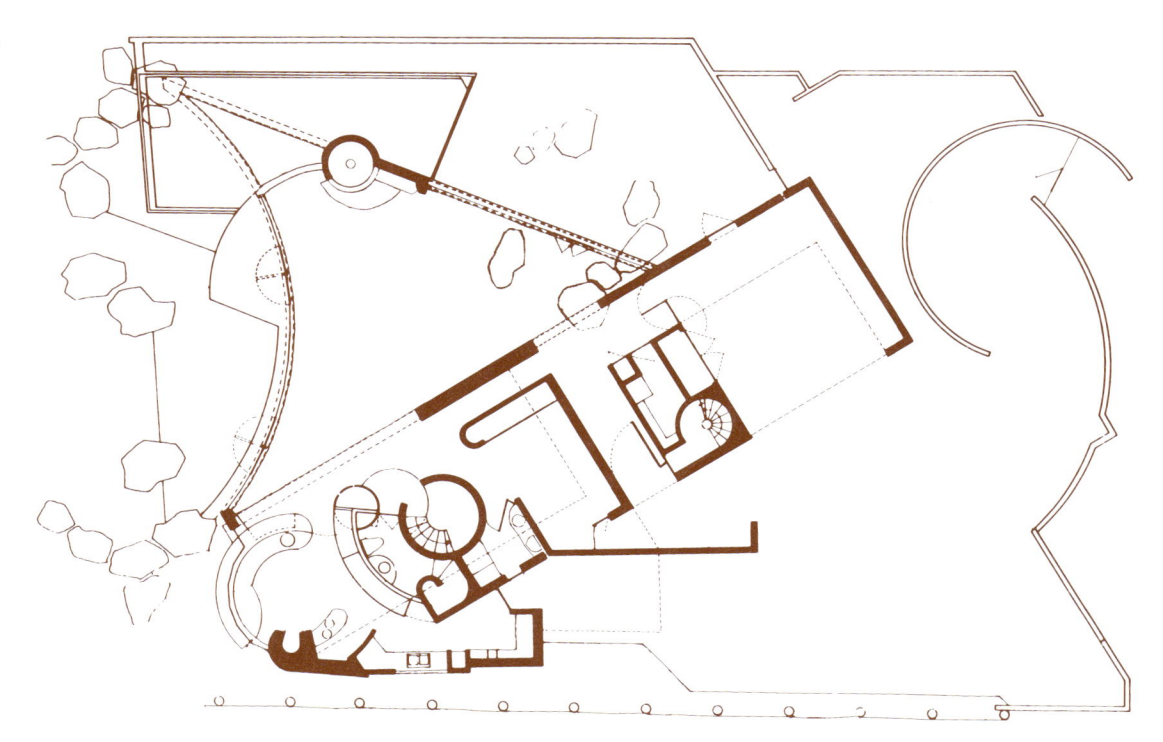

Lautners Grundgedanke war eine Höhle, welche die Bewohner vor dem Lärm des nahen Highways und vor starken Winden schützt.

Die Intimität der Innenräume, die wie auf einem Schiff weitgehend mit warmen Holzverkleidungen ausgestattet sind, scheint dem Außenraum zu widersprechen. Die Dachschlitze malen Lichtstreifen auf die teilweise gekrümmten Wände, was den Eindruck einer schützenden Höhle verstärkt. Großflächige Glasfronten bilden zusammen mit dem Dach und verschiedenen Betonbauteilen wie Treppenhaus und Kaminschacht eine monolithische Einheit und lassen das Haus kleiner erscheinen als es in Wirklichkeit ist. Die Haustür ist in einen Schlitz in der hohen fensterlosen Rückwand des Hauses eingefügt – ebenfalls eine Anspielung auf die Höhle.

Die Häuser Beyer und Segel und das Ferienhaus Turner (1982) im Skigebiet von Colorado sind alle extremen Wetterbedingungen ausgesetzt. Ihre weit heruntergezogenen Dächer ersetzen die komplexen Außenhüllen der Häuser Malin und Pearlman. Der Übergang zwischen Innen- und Außenraum erfolgt hier jeweils im Anschnitt des Daches, wo es durch die Kante vorgegeben ist. Diese Art der Umfassung verleiht den Häusern das notwendige optische Gewicht, um den Naturkräften entgegenstehen zu können.

est ici celui de la caverne, qui protège ses habitants du bruit de la route et des grands vents.

L'intimité de l'intérieur semble contredire l'extérieur. Un parement général en bois de couleur chaleureuse fait penser à un bateau. Des fentes pratiquées dans le doublage du toit laissent passer des rais de lumière qui rebondissent sur les murs en courbes, et accentuent l'impression de protection donnée par cette «caverne». Vers l'extérieur, les vastes panneaux de verre toute hauteur forment une entité monolithique avec le toit ainsi qu'avec les affleurements de l'escalier et de la cheminée en béton, ce qui a pour effet de masquer la taille réelle de la construction. En plan, l'entrée se fait par une faille dans le grand mur sans fenêtre de l'arrière, là encore allusion à une caverne.

Les résidences Beyer, Segel et Turner (1982) – cette dernière édifiée dans une station de ski du Colorado – sont toutes trois construites dans des sites exposés à des conditions météorologiques extrêmes. Dans ces projets, la profondeur du toit remplace l'enveloppe épaissie des résidences Malin et Pearlman. La transition entre l'intérieur et l'extérieur se produit maintenant dans la coupe du toit, comme l'implique son arête abrupte et apparente. Cet acte d'enfermement donne le poids et la masse nécessaires pour résister à la force des éléments.

STEVENS

House for Mr and Mrs Dan Stevens
Malibu, California, 1968

Left: Entrance path ramp. The overhang is created by the bedroom passageway. The kitchen is situated below.
Links: Zugangsweg zum Haupteingang. Der Vorsprung wird durch den Durchgang zum Schlafzimmer erzeugt. Darunter befindet sich die Küche.
A gauche: La rampe d'accès de l'entrée. Le surplomb correspond au passage à la chambre. La cuisine se trouve en contrebas.

Opposite: Beach elevation, showing one concrete catenary shell structure in the foreground and the other in the background. The living room and master bedroom above it look out to sea views.
Rechte Seite: Die Ansicht der Strandseite des Hauses zeigt die beiden gegeneinander versetzten Betonschalen. Der Wohnraum und das darüberliegende Elternschlafzimmer öffnen sich zum Meer.
Page de droite: La façade donnant sur la plage montre la structure composée de deux coques de béton. Le séjour et la chambre principale donnent sur l'océan.

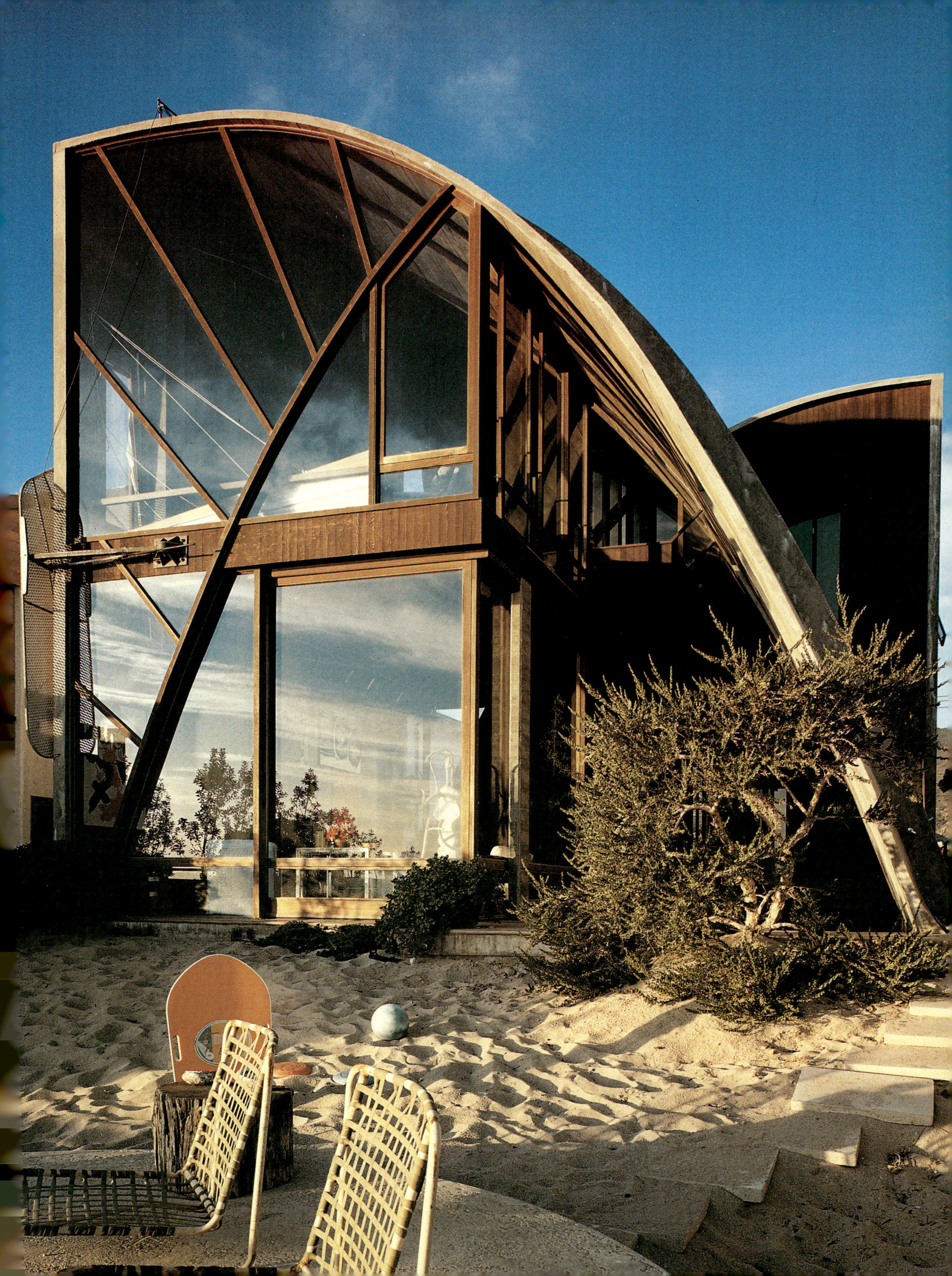

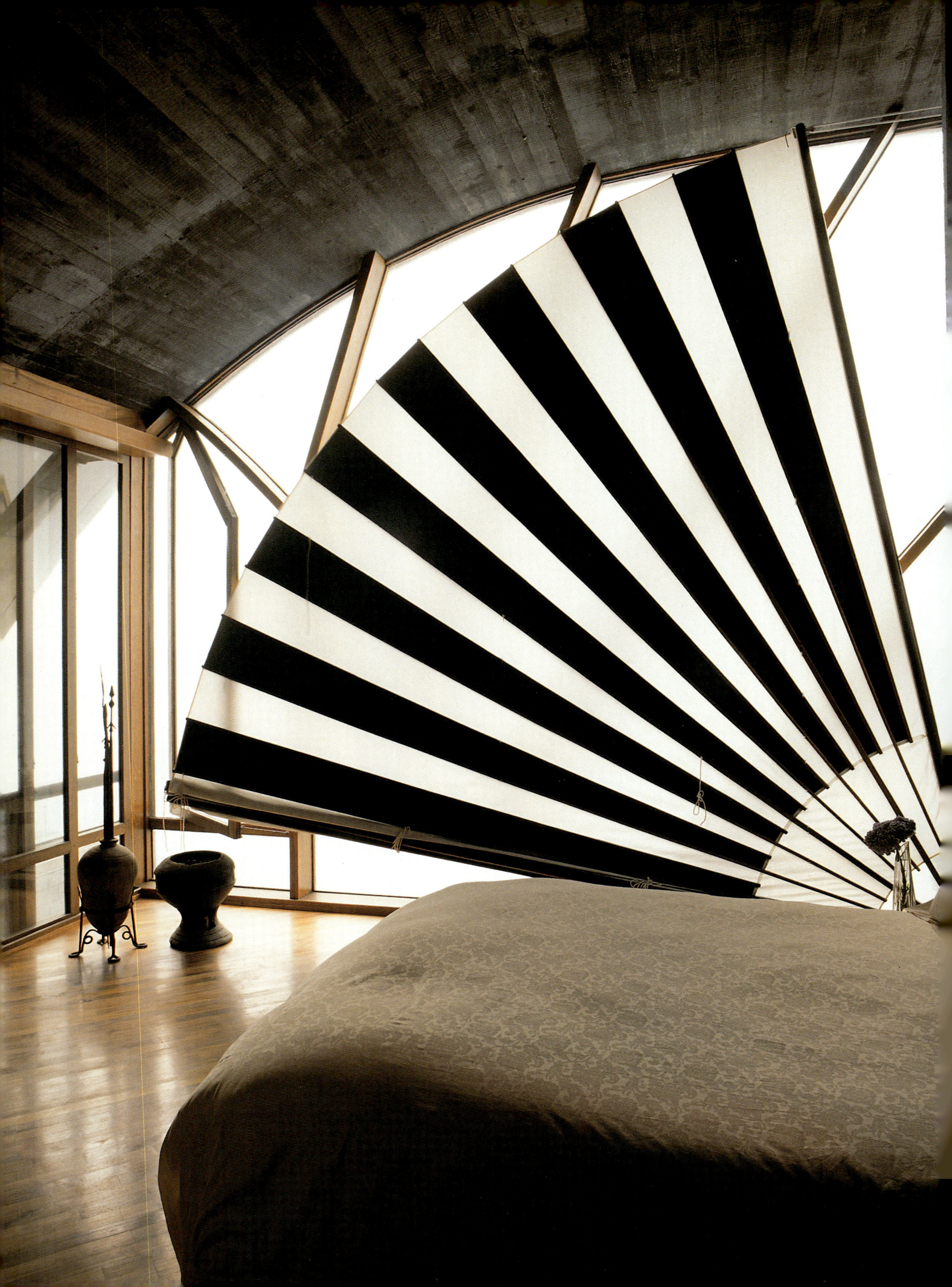

Opposite: Master bedroom
Linke Seite: Elternschlafzimmer
Page de gauche: La chambre principale

Above: Living room, looking out to the sea. The lap pool is located to the left.
Oben: Wohnraum mit Meeresblick. Zur Linken befindet sich das langgestreckte schmale Schwimmbecken.
Ci-dessus: Le séjour, donnant sur l'océan. Le bassin se trouve à gauche.

Opposite: Lap pool. Translucent glass elements diffuse the light entering through the openings in the concrete structure and give privacy from the neighbouring property, while also helping to provide protection from the seaside wind.
Rechte Seite: Schwimmbecken im Haus mit Blick in das dahinterliegende Badezimmer. Transluzente Glaselemente lassen gedämpftes Licht durch die Öffnungen in der Betonschale fallen und gewähren Schutz zum Nachbargrundstück und vor den Seewinden.
Page de droite: Le bassin. Des éléments de verre translucide diffusent la lumière qui passe par les ouvertures dans la structure en béton. Ils assurent l'intimité par rapport à la maison voisine, tout en protégeant du vent de la mer.

Timber screen to bedroom passage. The dining room is located to the left below. The passageway links the two concrete shell structures on each level.
Holzlamellengitter entlang des Durchgangs zu den Schlafzimmern. Der Eßbereich befindet sich links unten. Auf jeder Ebene verbindet ein Korridor die beiden Gebäudeteile miteinander.
L'écran de bois, vers la chambre. La salle à manger est située en bas à gauche. Le passage en coursive relie les deux coques de béton à chaque niveau.

Kitchen. The large windows at the end of the room look out and up to mountains visible in the distance. The smaller windows above the kitchen countertop to the left look out to the entrance court.
Küche. Die großen Fenster an der Stirnseite des Raums gewähren Ausblick auf die Hügel in einiger Entfernung hinter dem Haus. Durch die kleineren Fenster über der Küchentheke (links im Bild) blickt man in den Eingangshof.
La cuisine. Les grandes baies à l'extrémité de la pièce donnent sur les montagnes visibles dans le lointain. Les fenêtres plus petites au-dessus du plan de travail à gauche donnent sur la cour d'entrée.

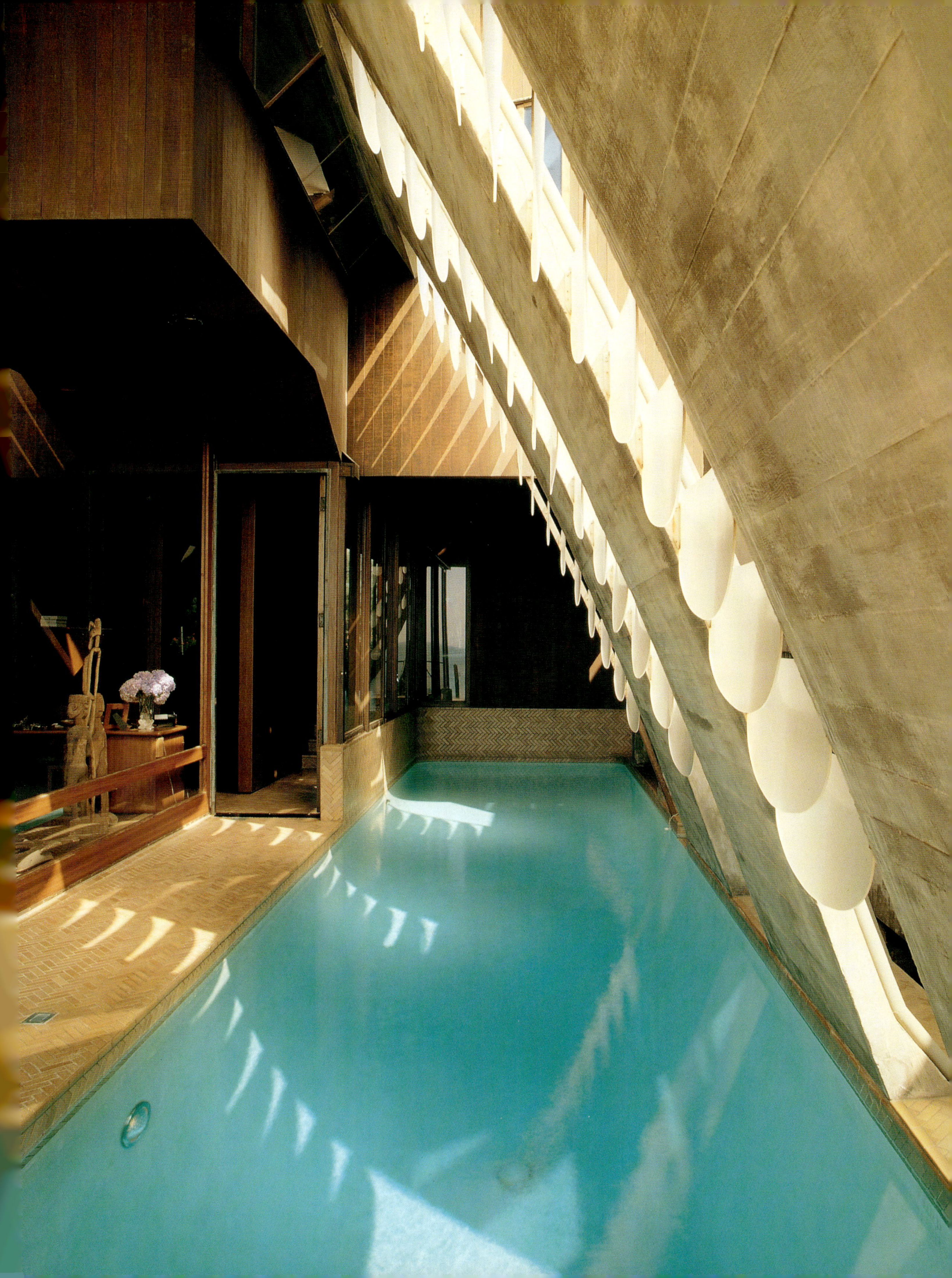

SEGEL

House for Mr and Mrs Gilbert Segel
Malibu, California, 1979

Segel Residence seen from the beach. The living room in the foreground abuts the double-story accommodation of kitchen, guest room and garage on the ground floor, and master bedroom, office, dance studio and maid's room on the upper floor. Views of the sea from the second floor are over the grassed concrete roof of the living room.

Ansicht des Hauses Segel vom Strand aus. Der Wohnraum im Vordergrund scheint den zweigeschossigen Bauteil mit Küche, Gästezimmer und Garage im Erdgeschoß sowie Elternschlafzimmer, Arbeitszimmer, Tanzstudio und Zimmer der Hausangestellten im Obergeschoß zu stützen. Von der oberen Etage aus hat man einen Blick über das rasenbewachsene Dach des Wohnraums hinweg auf das Meer.

Segel Residence vue de la plage. Le séjour, au premier plan, s'encastre dans l'aile à deux niveaux qui reçoit la cuisine, la chambre d'amis, le garage au rez-de-chaussée, la chambre principale, un bureau, un studio de danse et une chambre de bonne au niveau supérieur. De l'étage, la vue passe par-dessus le toit du séjour, semé de gazon.

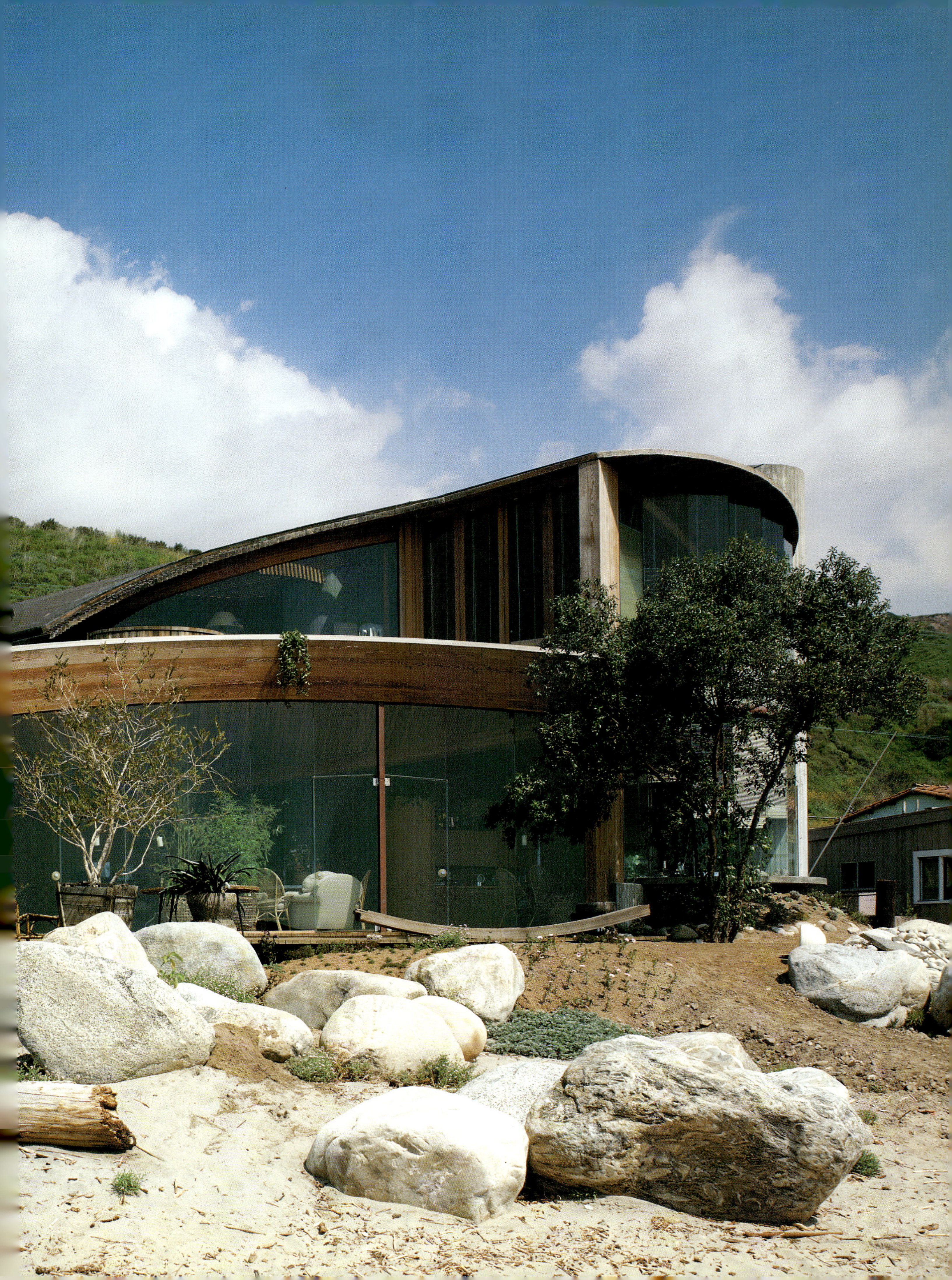

Drawing, study for circular skylight, showing consideration for different angles of view.
Grundrißskizze des Wohnzimmers mit eingezeichneten Varianten des Oberlichts, die wechselnde Lichtsituationen berücksichtigen.
Dessin, études pour la verrière circulaire, montrant la prise en compte de différents angles de vue.

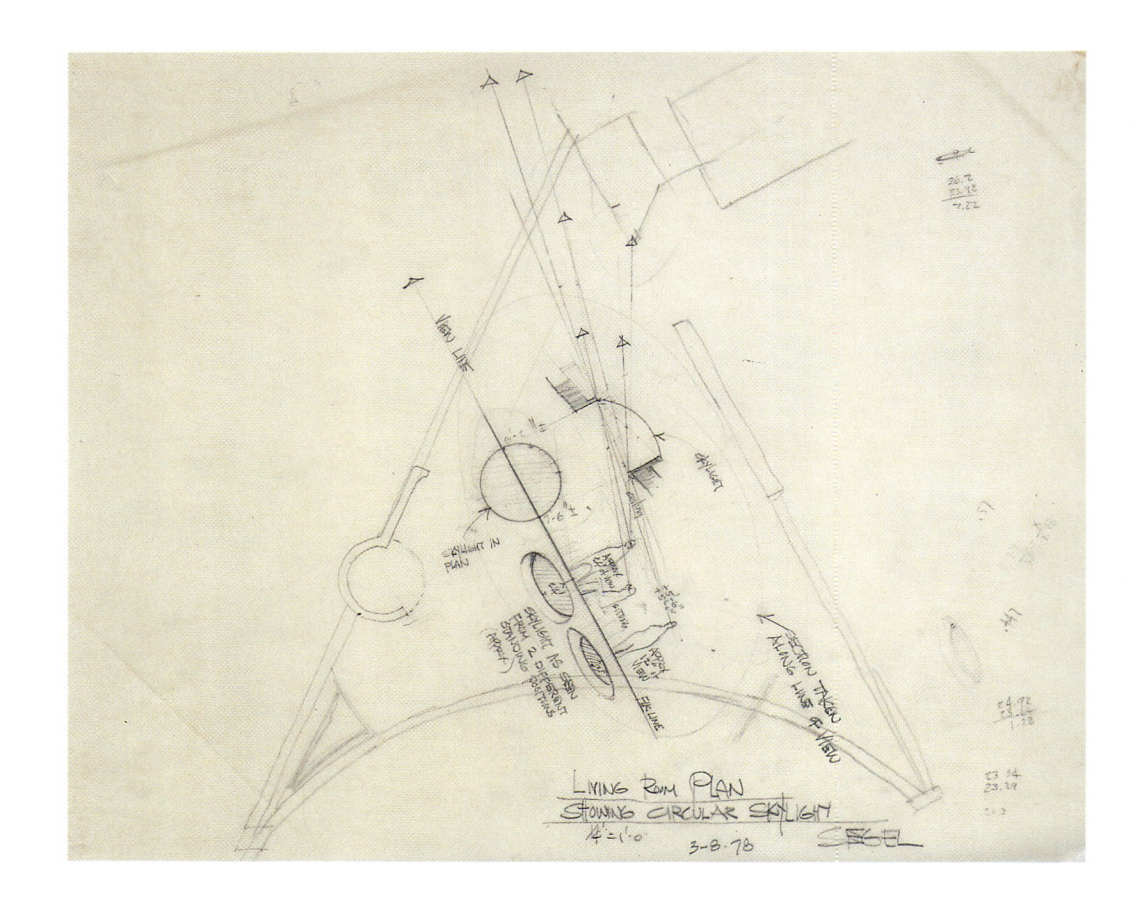

Early sketch, on the left the ground floor accommodation. The final building has the guest quarters adjoining the stair tower, the kitchen is moved to the end of the accommodation wing, looking out to the beach, and dining takes place in the main living area. On the right the upper floor accommodation. The office juts out onto the roof of the living room.
Frühe Skizze, links der Erdgeschoßgrundriß. Im fertiggestellten Haus befinden sich die Gästezimmer neben dem Treppenhaus, während Lautner die Küche an das Ende des Schlafzimmertrakts verlegte, wo sie Ausblick auf den Strand bietet, und den Eßbereich im Wohnraum unterbrachte. Rechts der Grundriß des Obergeschosses mit Schlafzimmern. Ein Teil des Arbeitszimmers befindet sich über dem Dach des Wohnraums.
Un des premiers croquis, à gauche l'aménagement du rez-de-chaussée. En final, les chambres d'amis seront rapprochées de la cage d'escalier, la cuisine repoussée à l'extrémité de l'aile technique, avec vue sur la plage, et les repas seront prévus dans le séjour. A droite l'aménagement de l'étage. Le bureau se projette sur le toit du séjour.

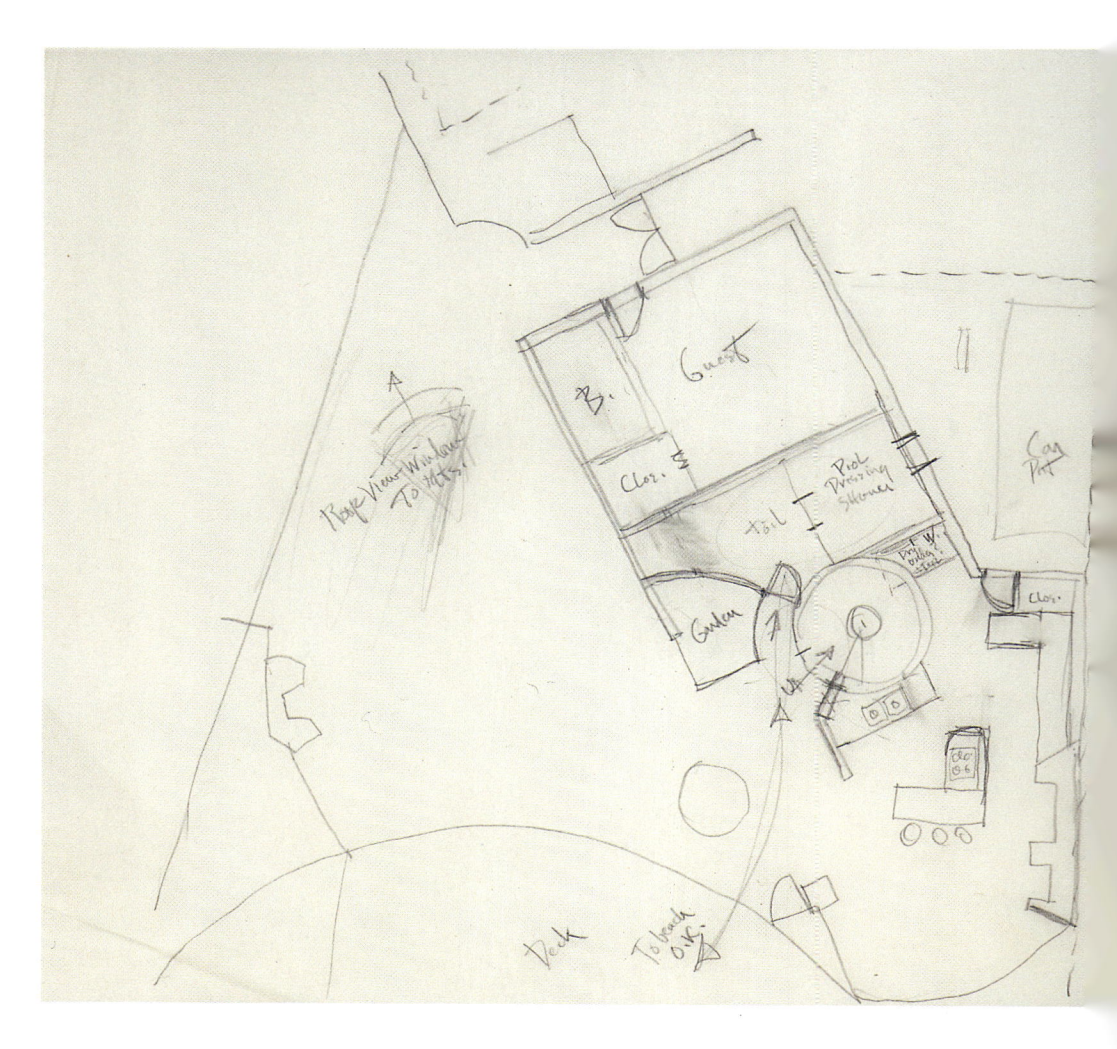

View of the living room, looking out to the view under the timber lined soffit of the concrete roof

Blick in den Wohnraum mit holzverkleideter Betondecke

Le séjour, sous le soffite en lattes de bois et le toit de béton

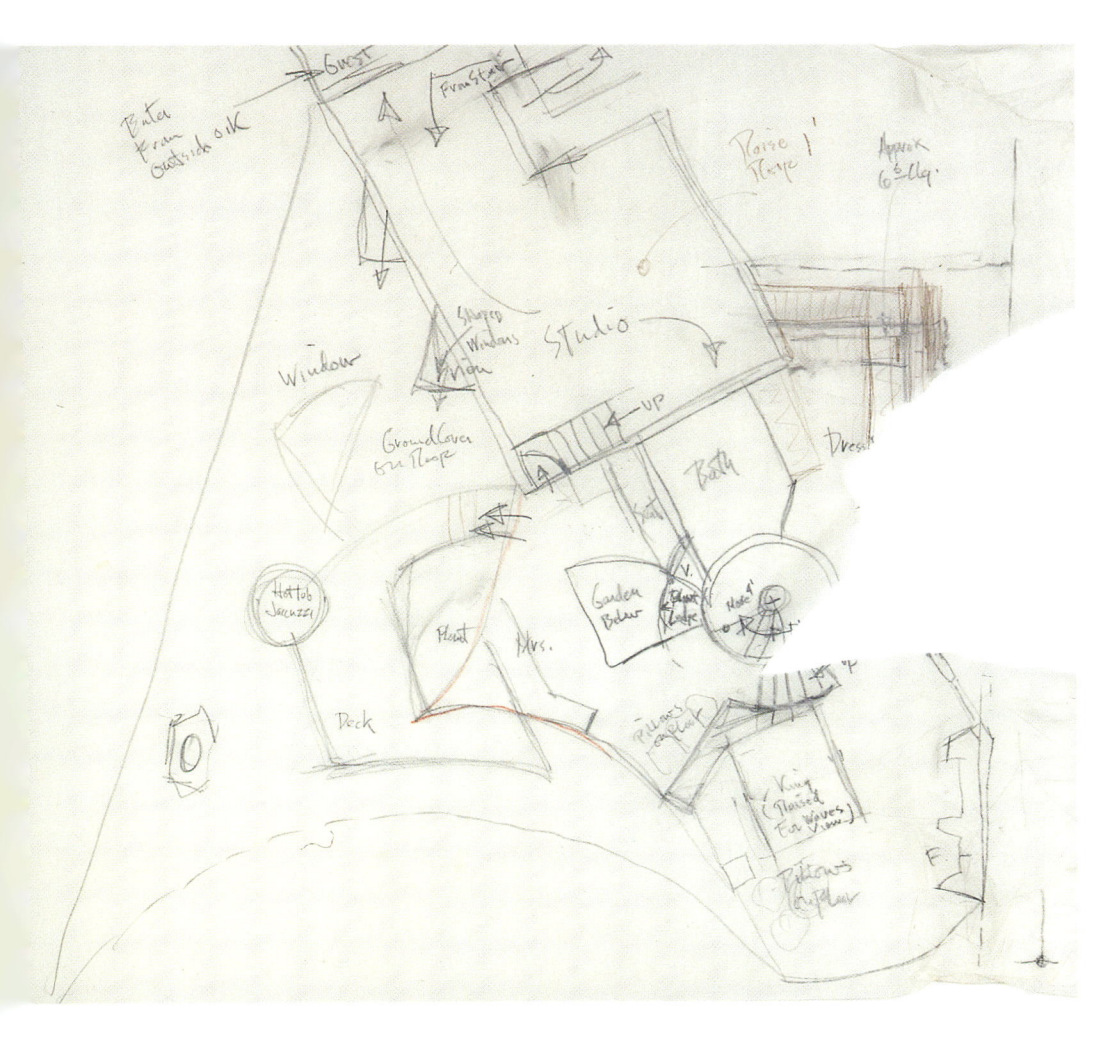

Corner of the Segel Residence, showing the
concrete roof support and pool. The house
grows up from the beach.
Diese Aufnahme zeigt den dramatisch auslau-
fenden Abschluß der Dachkonstruktion über
dem Wasserbecken.
L'angle de la Segel Residence montre la structure
de soutènement du toit en béton et la piscine.
La maison se développe à partir de la plage.

Above: View of the entrance court, showing how the rear of the house finishes off in a peak. The blank walls of the rear of the house provide protection from the noise of the adjoining highway.
Oben: Blick in den Eingangshof. Die große geschlossene Betonmauer, die das Haus auf der Rückseite umgibt, sorgt für Lärmschutz vor den Verkehrsgeräuschen der nahen Autobahn.
Ci-dessus: La cour d'entrée. On remarque comment l'arrière de la maison se termine en une sorte de bec. Les murs aveugles protègent du bruit de la route voisine.

A pool is located under the protection of the corner of the living room roof.
Unter dem Dachabschluß des Wohnraums befindet sich ein Wasserbecken.
Une piscine est implantée à l'abri d'un angle du toit du séjour.

Opposite: Master bedroom
Rechte Seite: Elternschlafzimmer
Page de droite: La chambre principale

Former dance studio. The way light is brought into the interior adds to the cave-like qualities of the house. Concrete construction is used, covered with cedar boarding.

Der ursprünglich als Tanzstudio konzipierte Raum. Der Lichteinfall durch seitliche Öffnungen und Schlitze im Dach unterstreicht die höhlenartige Anmutung des Hauses. Betondecken und -wände sind mit hochwertigen Zedernholzlatten verkleidet.

L'ancien studio de danse. La manière dont la lumière est introduite renforce l'atmosphère de caverne. Le béton est doublé de cèdre.

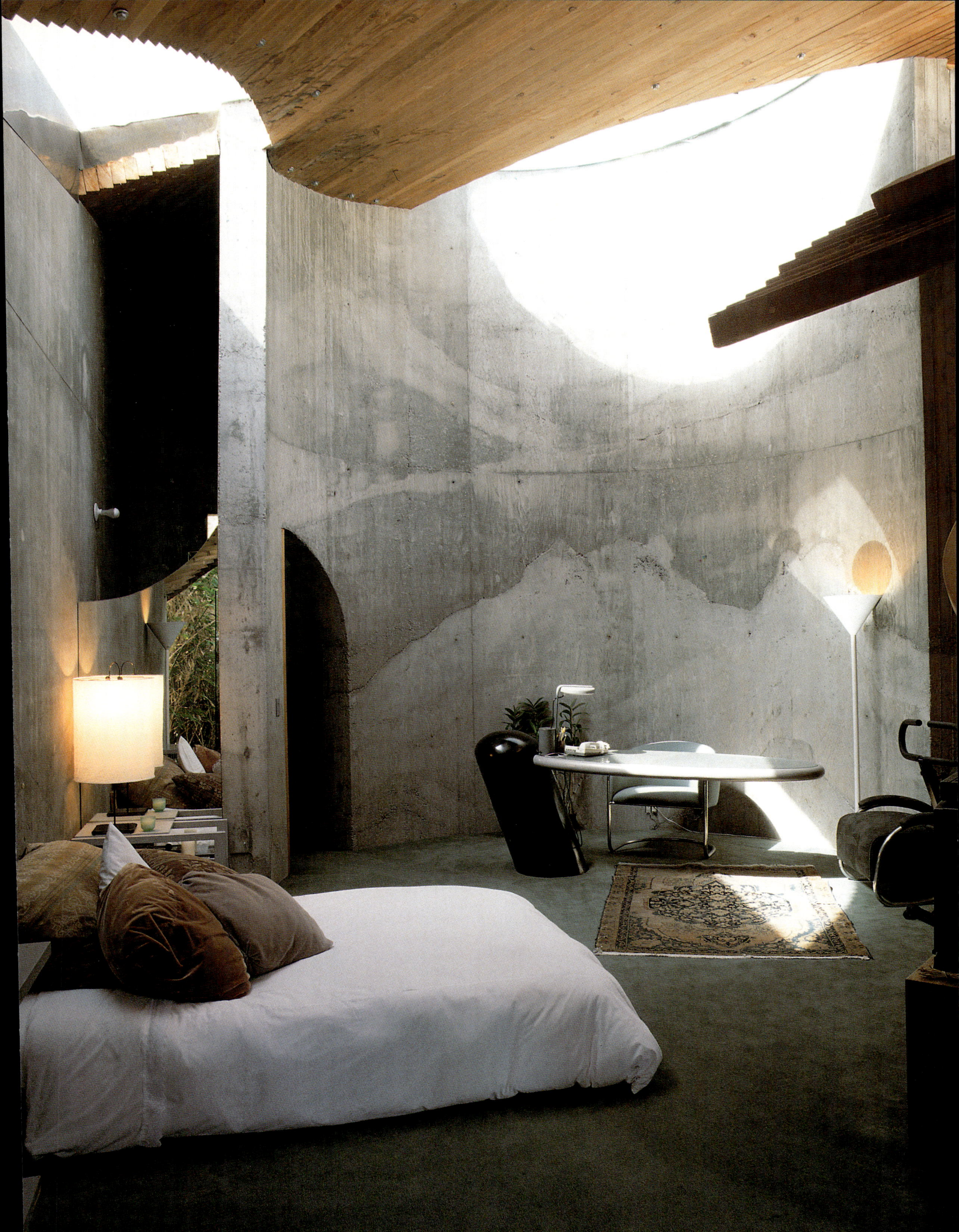

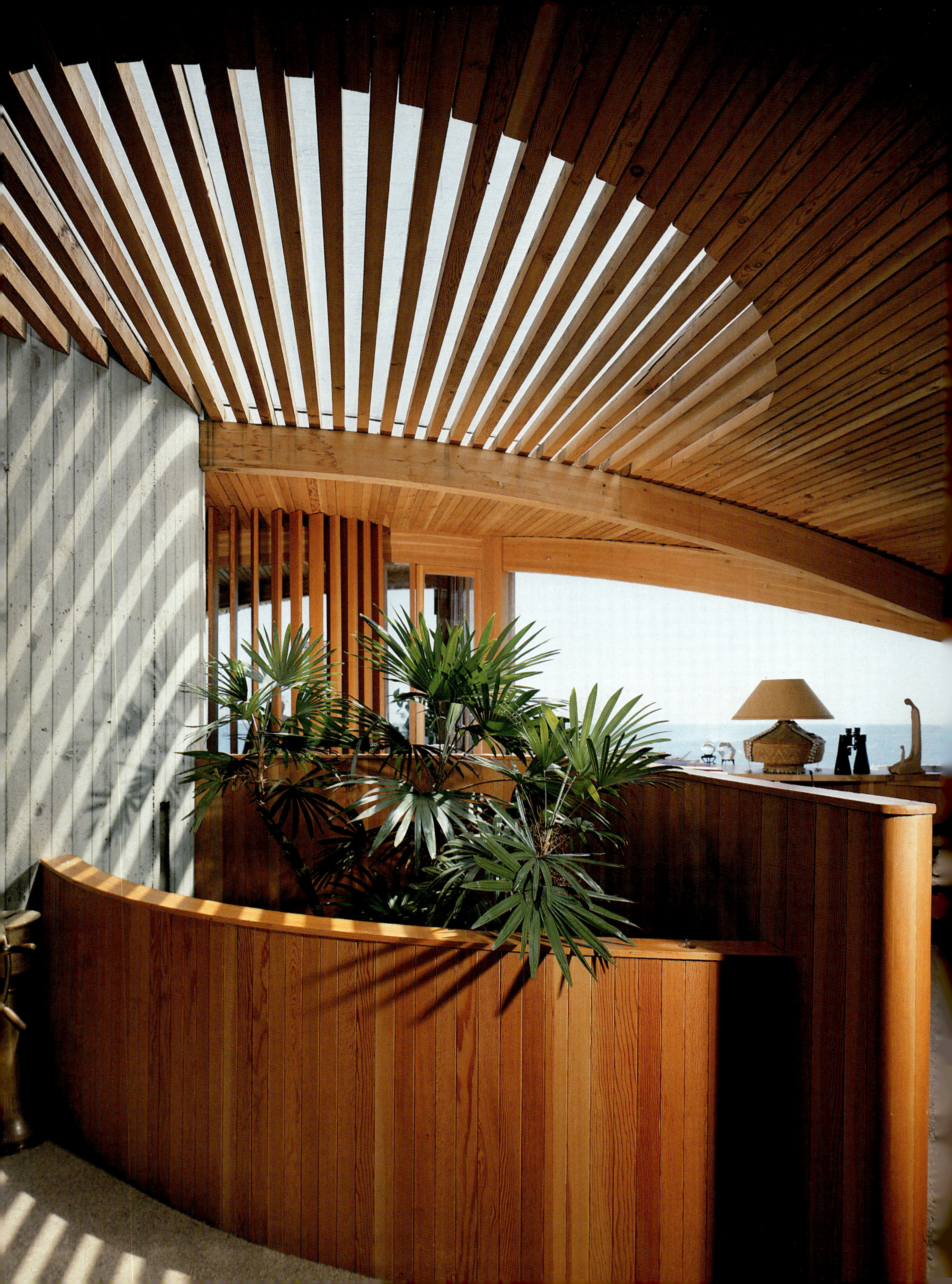

Opposite: Garden lightwell on the upper level, looking towards office area and ocean view. The skylight diminishes glare from the windows.
Linke Seite: Lichthof auf der oberen Ebene mit Blick auf den Pazifik und das Arbeitszimmer. Das Oberlicht verhindert störende Spiegelungen.
Page de gauche: Le puits de lumière du jardin donne sur le bureau et sur l'océan. La verrière atténue la luminosité de la vue.

Living room
Wohnraum
Le séjour

FINAL MAJOR PROJECTS
Letzte Hauptwerke Derniers grands projets

Arango, deservedly one of Lautner's most celebrated buildings, is sited on a steep hillside above the Acapulco Bay. The closest comparable project to Arango is the Pearlman Mountain Cabin, built some 15 years earlier.

The comparison to Pearlman is important, as the Cabin – together with some other projects of the late 1950s and early 1960s – marked the beginning of Lautner's mature work. The peaked roof and truncated, enclosed wing of accommodation at Pearlman see their reflection at Arango, albeit at a vastly greater scale. The grittiness of Pearlman, with its jutting geometries and rough wood edges, is enlarged in the medium of concrete to achieve the forcefulness necessary to match the view.

At Arango the main living area is in the air, on the terrace of unpolished marble, amidst a landscape of sparse concrete furniture only. The terrace is pushed up by the plinth of bedroom accommodation below, and supported to the side by the service block. On the terrace the facade of Pearlman is done away with, the architecture stripped down and enlarged until it is pure spectacle. The envelope of the meandering moat replaces a handrail, the roof supports are vestiges of walls, and the peak of the great concrete roof – a massive version of the upward turn of the Pearlman ceiling – angles outwards from the terrace in both an embracing and a declamatory gesture.

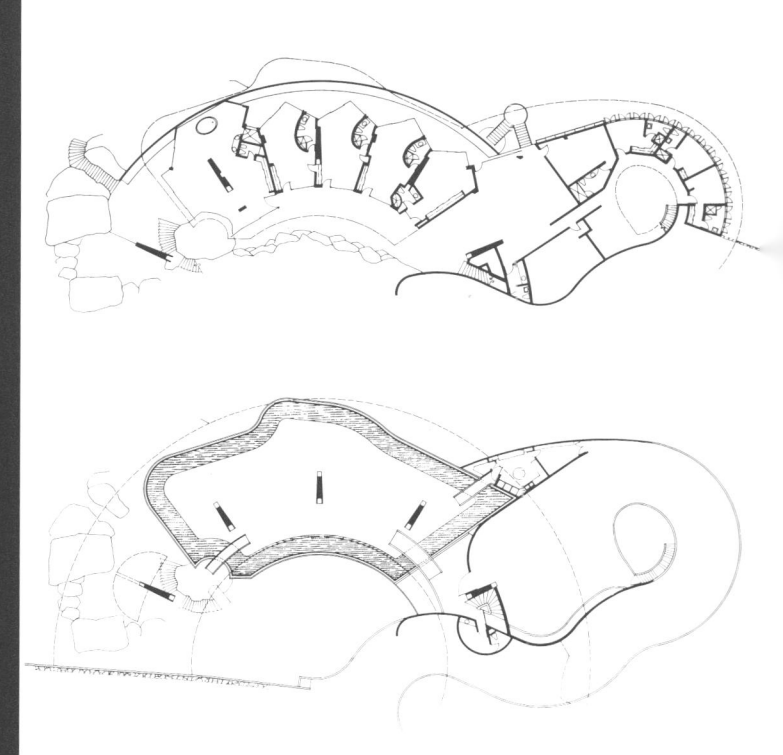

Arango Residence, Acapulco, Mexico, 1973
Lower level (above) and upper level (below) plans
Grundriß des Erdgeschosses (oben) und des Obergeschosses (unten)
Plan du rez-de-chaussée (en haut) et de l'étage (en bas)

Zu Recht ist das Haus Arango (1973) eines von Lautners meistgelobten Werken. Es steht an einem Steilhang über der Bucht von Acapulco. Das am ehesten vergleichbare Projekt ist das etwa 15 Jahre früher entstandene Wochenendhaus Pearlman.

Der Vergleich zwischen den beiden Häusern ist deshalb relevant, weil letzteres zusammen mit einigen anderen von Lautners Häusern der späten 50er und frühen 60er Jahre den Beginn seines Hauptwerks kennzeichnet. Das weit vorspringende Dach und der wie abgeschnitten wirkende, geschlossene Schlafzimmertrakt des Hauses Pearlman finden ihr Echo im Haus Arango, allerdings in viel größerem Maßstab. Am Meeresufer hat Lautner die Grobheit des Ferienhauses in den Bergen mit seinen scharfen Vorsprüngen und Rohholzstützen in Beton vergrößert, um eine dem phantastischen Ausblick entsprechende Eindringlichkeit und Ausdruckskraft zu erzielen.

Hier befindet sich der Hauptwohnraum, eine mit unpoliertem Marmor belegte und einigen wenigen Möbeln aus Beton augestattete überdachte Terrasse, im Freien. Diese Plattform liegt auf dem Sockel des Schlafzimmertrakts und den seitlich anschließenden Wirtschaftsräumen. Die Terrasse kommt ohne die Fassadenverglasung des Pearlman-Hauses aus. Die Konstruktion ist auf das absolute Minimum reduziert, so daß nur noch das Schauspiel der Architektur selbst übrigbleibt. Eine die Terrasse umrundende Wasserrinne ersetzt das Geländer, die Dachstützen sind Reste von Wänden, und die Krempe des großen Betondachs – eine massive Version der nach oben schwingenden Decke im Haus Pearlman – kragt über der Wohnplattform in einer großzügigen Geste aus, die Umarmung wie auch deklamatorische Pose ist.

Das Haus Sheats entstand im Jahr 1963, rund 14 Jahre nach Lautners Haus Schaffer (1949). Beide haben einen sanduhrförmigen Grundriß, mit dem Eingangsbereich als eingeschnürter Zone und einer räumlichen Dynamik, die durch die Position des offenen Kamins bestimmt wird. Der Zugang und Weg durch das Haus führt nicht in die Wälder, sondern vom Abhang in einem Winkel zum Eingangsbereich und Eßzimmer an der Stelle, wo sich die zwei dreiecksförmigen Grundrißteile treffen, und dann hinunter zum Elternschlafzimmer mit seiner geschoßhohen Verglasung über Eck, von dem aus man einen herrlichen Ausblick hat. Auf diesem Weg durch das Haus erlebt man zwei weitere räumliche Höhepunkte: das Eßzimmer und den Hauptwohnraum.

Während das Haus Schaffer einen Gartenhof auf der Rückseite besitzt, befindet sich im Haus Sheats an dieser Stelle der Schlafzimmertrakt. Das Volumen dieser Räume wirkt kleiner aufgrund der perspektivischen Täuschung der Dreiecksform, die sich bis in das spitzwinklige Eßzimmer hinein fortsetzt. Wenn man sich dort aufhält, merkt man nicht, wie viele Zimmer sich zwischen den auseinanderstre-

A juste titre considérée comme l'une des réalisations les plus célèbres de Lautner, Arango Residence (1973) est située au sommet d'une colline escarpée qui domine la baie d'Acapulco. Le projet le plus immédiatement comparable est la Pearlman Mountain Cabin, construite quelque quinze années auparavant.

La comparaison avec la Pearlman Residence est importante, car cette villa en forêt marquait, avec quelques autres projets de la fin des années 50 et du début des années 60, les débuts de la période de maturité architecturale de Lautner. Le toit tronqué en bec, l'aile des chambres intégrée du projet Pearlman trouvent leur écho dans la villa mexicaine, bien qu'à une échelle beaucoup plus importante. La rusticité de la plus petite de ces deux maisons, aux formes géométriques découpées projetées vers l'avant et aux piliers de bois brut, se voit amplifiée par le biais du béton pour atteindre à la puissance nécessitée par l'impressionnant panorama.

Au Mexique, la principale zone de séjour se trouve en fait en plein air. C'est la terrasse de marbre non poli, à peine animée par l'installation de quelques rares meubles en béton. Elle est posée sur la plinthe constituée par la zone des chambres et soutenue latéralement par le bloc des services. Sur la terrasse même, la façade type Pearlman disparaît, l'architecture s'épure et se dilate jusque qu'à devenir pur spectacle. Les méandres d'un long bassin font office de parapet, les supports du toit sont des vestiges de murs et le bec du vaste toit de béton, version massive du mouvement vers le haut du plafond pearlmanien, se déploie largement au-dessus de la terrasse dans un geste déclamatoire et enveloppant.

La Sheats Residence a été construite en 1963, quelque 14 ans après la Schaffer Residence (1949). Toutes deux partagent la même forme en sablier et le même plan concentré vers l'entrée, tandis que la dynamique du mouvement se voit repoussée vers les côtés par la position de la cheminée. Le chemin d'accès à la résidence Sheats, au lieu de parcourir les bois, s'écarte du flanc de la colline à un certain angle pour venir rejoindre les plans triangulaires de l'entrée et de la salle à manger. Il descend ensuite vers la chambre principale, au niveau inférieur, jusqu'à l'ouverture en coin toute hauteur de celle-ci sur le panorama. Le long de ce cheminement, se croisent deux autres espaces majeurs, la salle à manger et la salle de séjour.

Le jardin clos à l'arrière de la Schaffer Residence est occupé par l'aile des chambres dans la Sheats Residence. Le volume de ces pièces est dissimulé par le jeu de perspective d'un triangle qui se rétrécit vers la salle à manger, ce qui fait que le spectateur ne peut se rendre compte du nombre de pièces cachées derrière les passages vitrés périmétriques qui divergent de chaque côté. Ce sentiment de divergence, d'échappée vers l'extérieur, est renforcé par le plafond

Sheats Residence, Los Angeles, California, 1963
Goldstein Remodel, 1989
Lower-level plan (above), main level plan (below), and section drawing (opposite)
Grundriß des Erdgeschosses (oben), Grundriß des Obergeschosses (unten) und Querschnitt (rechte Seite)
Plan du rez-de-chaussée (en haut), plan de l'étage (en bas) et dessin de coupe (page de droite)

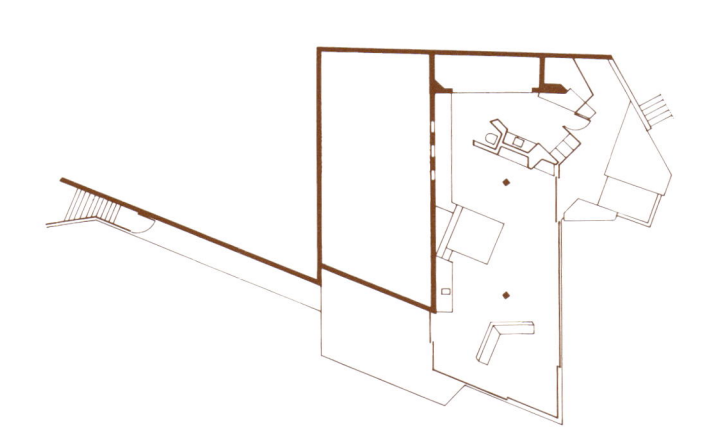

Sheats was built in 1963, some 14 years after Lautner's 1949 Schaffer Residence. The two share the same hourglass shape, with a plan gathered in at the entrance area, and movement pushed to the sides by the position of the fireplace. The pathway at Sheats, instead of filtering into the woods, moves out from the hillside at an angle, and joins the triangular plans of the house together in the entrance area and dining room. It then steps down to the lower level master bedroom to its corner full-height revelation of the view. Along this route occur two other culminating spaces: the dining room and the main living room.

Where Schaffer has a private garden enclosed to the rear, at Sheats this position is occupied by the accommodation wing. The bulk of these rooms is hidden by the perspectival trick of the triangle narrowing to the dining room, where the observer is unaware of the number of rooms hidden between the diverging perimeter glazed-wall passageways on either side. The sense of divergence, of escape outside, is assisted by the low, timber-boarded ceiling. Only above the kitchen and dining room table, whose cantilevered glass set in slanting blocks of concrete fits with the triangle shards of the plan, are large skylights opened in the roof, holding the dissipation of space to the outside.

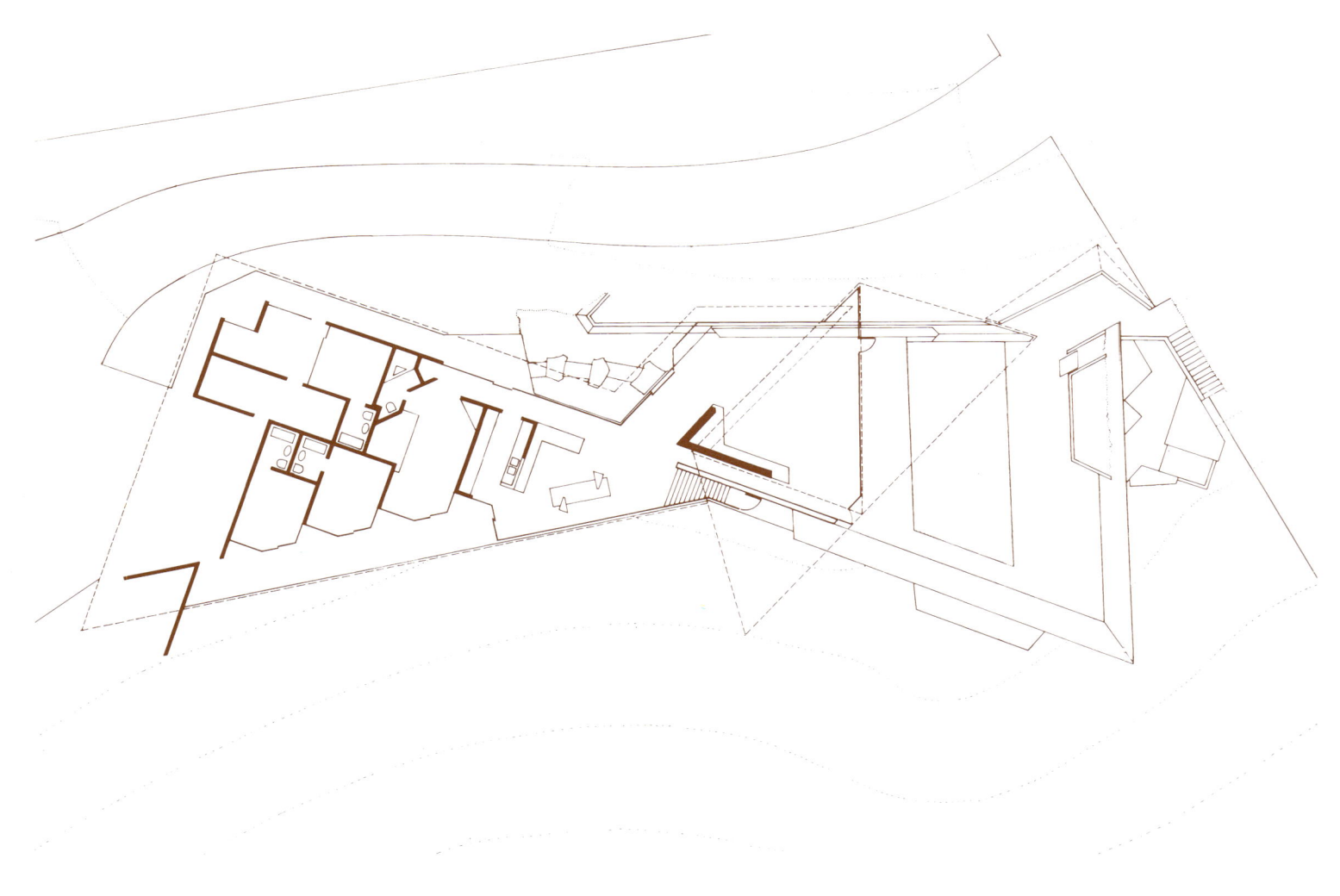

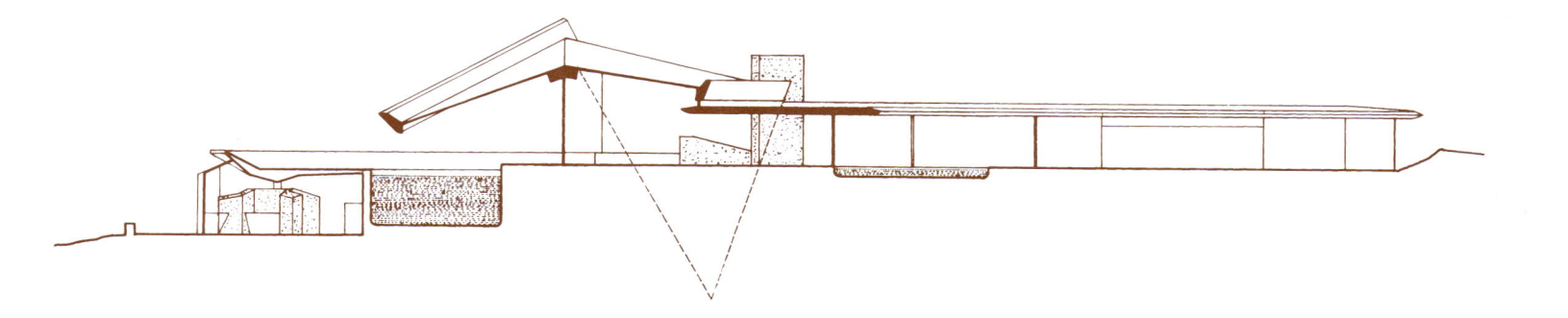

benden verglasten Korridoren zu beiden Seiten verbergen. Der Eindruck des Auseinanderstrebens, der Flucht nach draußen, wird verstärkt durch die niedrigen holzverschalten Decken. Nur über Küchentheke und Eßtisch mit einer an zwei Ecken in Betonblöcke eingelassenen Glasplatte befinden sich zwei Oberlichter, durch die der Innenraum sozusagen in den Außenraum hinein fortsetzt.

Der Wohnraum liegt auf einer Plattform zwischen dem aufsteigenden Hang und dem Weg zum Hauptschlafzimmer. Im Grundriß ist er zwischen dem Wasserbecken am Eingang und dem vorderen trapezförmigen Schwimmbecken eingefügt. Diese große ebene Fläche stößt, vom Hang ausgehend, ins Leere vor – durch die Glasfassade über den reflektierenden Wasserspiegel bis zum leichten Anstieg am Plattformrand, im Scheitelpunkt des Dreiecks. Der Blick schweift darüber hinweg, und die Sicht wird durch kein Geländer gestört. Ausgehend vom offenen Kamin erhebt sich das Betonkassettendach, das den vorderen Teil des Wohnraums und einen Teil des Schwimmbeckens überdacht und die Aussicht mit einem Dreieck rahmt.

Das bergende Dach mit seinem massiven Rand bildet einen dramatischen Kontrast zu den klaren Oberflächen von Fußböden, Wasserspiegel und den minimalistischen Möbelstücken. In architektonischer Weise ist es ebenso üppig wie die Vegetation ringsum am Hang, auf den es sich abstützt, und die Baumkronen, in die hinein sich der Wohnraum ausstreckt. Es ist, als hätte der Architekt hier das Blätterdach des Schaffer-Hauses in etwas substantiellerer Form abbilden wollen.

Die kantige geometrische Dachform des Hauses Sheats bildet einen wildnishaften Raum ab, wie in einem Wald oder natürlich gewachsenen Hain. Das ist genau der Ort, den Lautner als Junge entdeckte, nach dem er sich beständig zurücksehnte und den er mit den Mitteln der Architektur wiederzufinden suchte. Diese Sehnsucht offenbart sich nun auch dem Betrachter. Das Innere ist tagsüber von wandernden Lichttupfern übersät, so als ob Sonnenlicht durch die Baumkronen eines Urwaldes glitzert. Dieser Effekt wird mit 750 als Oberlichter in das Betondach eingelassenen Wassergläsern erzielt.

surbaissé recouvert de bois. Ce n'est qu'au-dessus de la table de la salle à manger, dont le plateau de verre repose sur des blocs de béton inclinés qui rappellent les élytres triangulaires du plan, que s'ouvre dans le toit une vaste verrière, qui canalise la dissipation de l'espace vers le dehors.

Le séjour appartient à une plate-forme située entre la pente montante de la colline et le chemin qui descend vers la chambre principale. Il apparaît dans le plan entre le bassin à débordement de l'entrée et la piscine trapézoïdale vers l'avant. Les vastes surfaces planes créées s'étirent à partir de la colline, franchissent la façade de verre, s'appuient sur le bassin réfléchissant pour aller vers la pente légère du rebord de la plate-forme, au sommet du triangle, et se dissoudre enfin dans le panorama sans le moindre parapet. Le grand toit triangulaire à caissons part de la cheminée, couvre le devant du séjour et une partie du bassin, et oriente l'axe visuel du séjour vers la vue.

Le toit, à rebord épais et recouvrant, contraste de manière spectaculaire avec la simplicité des surfaces au sol, l'eau, et le mobilier intérieur réduit au minimum. Il se rattache davantage au fouillis des plantations de la colline qui le soutient d'un côté, et au sommet des arbres vers lesquels le séjour semble visuellement basculer. C'est comme si l'auvent en forêt qu'est en fait cette maison avait besoin d'être évoqué par quelque chose de plus substantiel qu'un simple assemblage de toits indépendants.

Le toit de la résidence Sheats, dans sa géométrie anguleuse, est représentatif de l'espace sauvage, d'un lieu en forêt ou d'une futaie naturelle. C'est le type d'espace que Lautner avait découvert dans son enfance. Il y aspirera toujours et tentera de le faire revivre à travers diverses techniques architecturales. L'aboutissement de cette quête se retrouve maintenant devant les yeux du spectateur. L'intérieur est tacheté de lumière, telle celle, mobile, que l'on observe sur le sol de la forêt primitive, mais qui est fournie ici par 750 verres noyés dans le béton du toit.

Pour définir l'œuvre de Lautner, il est nécessaire d'examiner la manière dont il assure la transition entre le dedans et le dehors. Son évolution dans ce domaine est à la fois non linéaire et non chronologique. Il s'agit plutôt d'une ex-

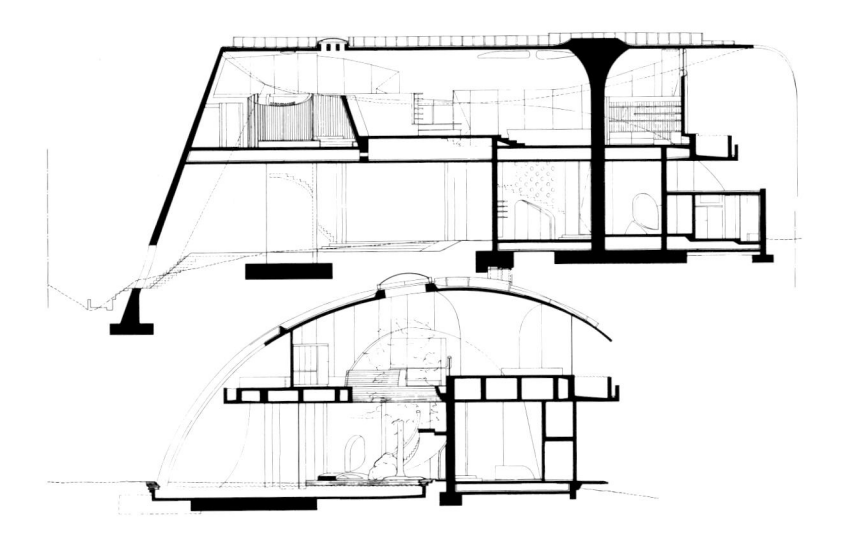

Private Residence, California, 1990

Section drawings (above) and plan (opposite)

Querschnittzeichnungen (oben) und Grundriß (rechte Seite)

Dessins de coupe (ci-dessus) et plan (page de droite)

The living room is part of a platform between the upward slope of the hill and the pathway to the master bedroom. It occurs in the plan between the waterfall pool at the entrance and the trapezoid swimming pool in front. Large areas of flatness are created, stretching out from the hillside, through the glassy facade over the reflecting water to the slight inclination at the platform's edge, at the apex of the triangle, to elide into the view without a handrail. Generated from the chimney is the great triangular coffered roof, which covers the front of the living room and part of the pool, angling the focus of the living room to the view.

The roof, thick edged and enclosing, contrasts dramatically with the simple planes of the ground surfaces, water and minimal interior furniture below. Instead it belongs more to the fecundity of the planting of the hillside, from which it is supported on one side, and the treetops into which the living room is visually swept. It is as if the forest canopy of Schaffer needed to be recorded in something more substantial than an agglomeration of separate roofs.

The Sheats roof, in its angular geometric form, is representative of a wild space, a place in a forest or natural grove. This is the space, discovered when Lautner was a boy, for which he continually yearned, and which he strove to rediscover through the techniques of architecture. It yearns on now in the beholder's eye. The interior is speckled by the light, the moving light on the ground in the primeval forest, made by 750 drinking glasses set as skylights into the concrete of the roof.

To define Lautner's work one needs to look at how the transition between inside and outside is made. The way he evolves this is non-linear and non-chronological; rather it is an elliptical exploration where techniques are revisited in new ways. The Private Residence (1990) represents the point in this cycle that Lautner had reached when he died in 1994. This development is characterized by a number of key projects.

Carling is representative of the projects where the floor is invested with the weight of transition. The floor is stepped, and collaged with differing materials, water, and internal planted areas, moving outside to include itself in the view. At Wolff the transfer between inside and out is moved from the floor to the wall, to the spaces between the stony walls and glazed interior. This zone is then compressed to the edge of the envelope, as seen in the faceted facade of the Pearlman Residence and the thickened angling edge detail at Malin.

At Garcia (1962) and Stevens (1968), Lautner internalized the entire interior under roofs that run perpendicular to the axis of the view. Walstrom (1969) is self-reflexive in another way, propped off the slope to look back at the path that gives it entry.

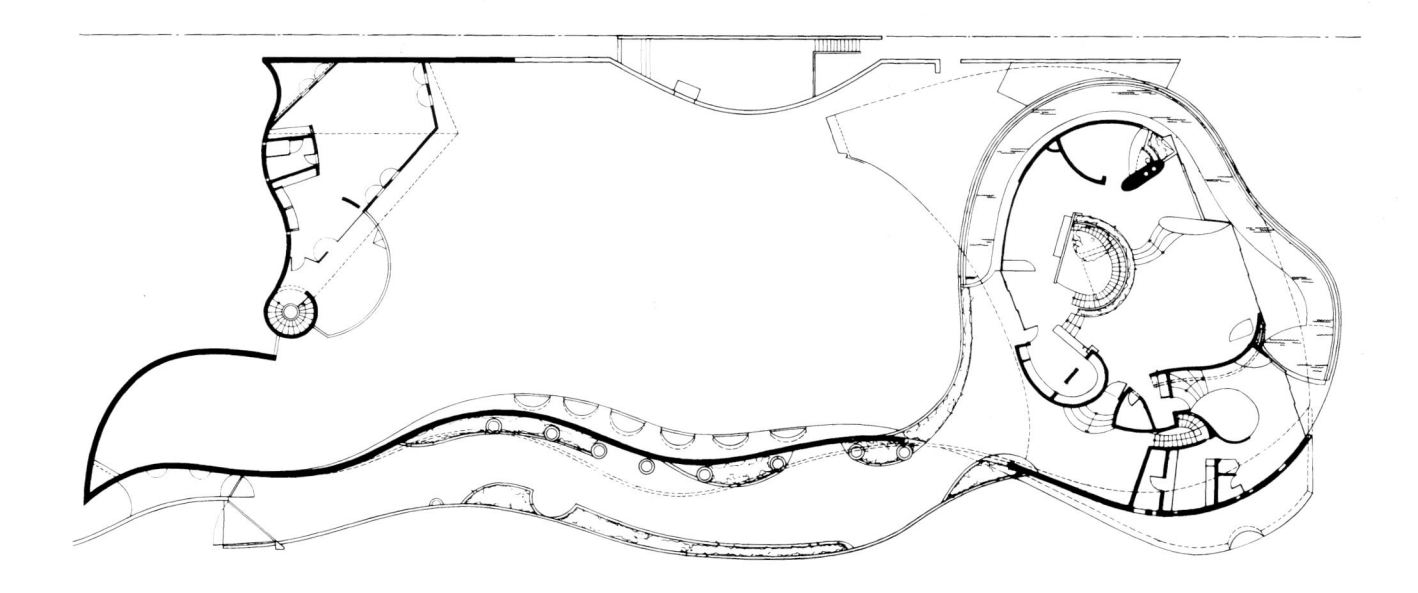

Um Lautners Werk zu verstehen, muß man genauer betrachten, wie er den Übergang zwischen Innen- und Außenraum entwickelt hat. Diese Entwicklung verlief bei Lautner nicht linear oder in chronologischer Fortsetzung, sondern in einer Art elliptischem Suchgang, bei dem bestimmte Techniken oder Elemente immer wieder von neuem entdeckt und erfunden wurden. Das Haus eines ungenannten Bauherrn in Kalifornien (1990) verkörpert den Punkt dieses Kreislaufs, an dem Lautner angelangt war, bevor er 1994 starb. Die verschiedenen Stationen seiner Suche sind an einer Reihe von Schlüsselentwürfen festzumachen.

Das Haus Carling gehört zu den Entwürfen, bei denen die Bodenebenen sozusagen die Hauptlast des Übergangs tragen: Sie sind abgestuft, collagenartig mit unterschiedlichen Materialien belegt, integrieren Wasserflächen und Pflanzbereiche in den Innenräumen, setzen sich nach draußen fort und bilden dann einen Teil der Aussicht. Beim Haus Wolff erfolgt der Übergang vom Innen- zum Außenraum nicht auf Bodenebene, sondern durch die Wand, das heißt über den Hohlraum zwischen Steinwand und äußerer Glasfassade. In späteren Bauten wird dieser Zwischenraum komprimiert an den Rand der Umfassungsmauern verlegt – zu sehen in der facettierten Fassade des Hauses Pearlman und dem verstärkten winkelförmigen Kantendetail im Haus Malin. Bei den Häusern Garcia (1962) und Stevens (1968) brachte Lautner sämtliche Innenräume unter Dächern unter, die im rechten Winkel zur Aussichtsachse verlaufen. Das Haus Walstrom (1969) ist in anderer Weise selbst-referentiell: Es tritt sozusagen vom Hang zurück, um auf den Zugangsweg zurückzublicken.

Die Haupträume der größeren Häuser verlassen ihre Vorstoß-Position (zum Beispiel Concannon) und werden von den geschwungenen Schlafzimmertrakten umfaßt (zum Beispiel „Silvertop"). Im Haus Elrod (1968) versinkt der

ploration elliptique dans laquelle les techniques sont révisées à chaque fois dans un esprit nouveau. La Private Residence (1990) représente le point atteint par Lautner à sa mort en 1994. Ce développement est marqué par quelques projets-clés.

La Carling Residence est caractéristique des projets dans lesquels le sol est investi du poids de la transition. Dynamisé, à la façon d'un collage, par des marches et différents matériaux, plans d'eau, et plantations intérieures, il se déplace vers l'extérieur pour englober la vue. Dans la Wolff Residence, le transfert intérieur/extérieur se déplace du sol au mur, vers les espaces compris entre les murs de pierre et l'intérieur vitré. Cette zone est par la suite compressée vers le rebord de l'enveloppe comme dans la façade à facettes de la Pearlman Residence ou les bordures de toit épaissies et rabattues de la résidence Malin. Dans la Garcia Residence (1962), comme dans le projet pour les Stevens (1968), Lautner regroupe la totalité de l'intérieur sous des toits qui courent perpendiculairement à l'axe de la vue. La résidence Walstrom (1969) se replie sur elle-même d'une autre façon: elle se projette hors de la pente pour regarder vers l'arrière, vers son chemin d'accès.

Les pièces principales des plus grandes réalisations évoluent d'une position avancée (Concannon Residence) à une implantation entre les ailes recourbées des chambres («Silvertop»). Dans la Elrod Residence (1968), le séjour principal s'enfonce dans le terrain, sous le poids du toit de béton qui l'encapsule, et dont la bordure décrit un véritable cyclorama de paysage et de ciel. La pièce fonctionne comme une lentille inversée vers le paysage, le ciel noir en dessous, la coupole de la terre au-dessus. Le paysage est absorbé vers l'intérieur.

Le toit se développe aussi au-dessus de la totalité du bâtiment. La Hope Residence (1979) devait présenter à

The main rooms of the bigger houses change from the thrust-forward position of Concanron to the way in which it is supported between the curving accommodation wings of "Silvertop". At Elrod (1968) the main room sinks into the site, under the weight of the encapsulating concrete roof, the edge of which presents a cyclorama of landscape and sky. The room is an inverted lens to the landscape outside: black sky below, cupping earth above. The landscape has been drawn in.

The roof develops over the whole building. The Hope Residence (1979) was to have had an internal geography, while the roof of the Beyer Residence encloses rockpool-like areas that are wound around into the seashore. The main room of the Segel Residence is placed between the mountain-like promontory of the service accommodation behind and beach beyond, inscrutable below a grassy roof.

Depending on the circumstances of the project, the profile of floor or wall or roof determines the relationship between the individual and idealized nature. At Arango and Sheats the roof becomes the definitive agent of transition.

Undulating walls up to 30ft high describe a protected area leading up to the main house of the Private Residence, defending the garden interior from neighbours and highway noise. The ground is made into a landscape of forms, including the guest house, servant quarters the shape of the swimming pool, and the cave-like openings to garages for eight cars. The modulations of surface extend through the house, the water continuing through to make an infinity-edged pool at the cliff edge to the sea. At the end of the internal garden space, before the drop to the shore, one great wall folds over to create a roof over-reaching the entire house, a huge monolithic concrete form. The operations of undulating wall, shifting and articulated floor plane and enclosing roof are all exerted at the Private Residence to make, in terms of the client's brief, a "whole new world".

In between ground, wall and roof are located the platforms of the living zone at first-floor level, supported on its own independent structure. Entry to the living spaces is made on a pedestrian approach from the front of the site, separated from the garden and sea view. Between the striations of the concrete structure, emissions of light through the roof, vegetation entering through holes from below, the black slate floors of the living accommodation hover between floor, wall and roof, in suspense before the view.

The main room is wrought from the layers of the building, truly internalized, but at the same time becomes the magical generator of the enchanted garden behind. Conversely it owns the view.

große Wohnraum im Boden, wie vom Gewicht des ihn umschließenden Betondaches niedergedrückt, dessen Rand ein Panorama aus Landschaft und Himmel einrahmt. Der Raum ist eine umgedrehte Abbildung des Außenraums – unten der schwarze Himmel, oben die schützende Erdhöhlung. Die Landschaft ist ins Haus eingezogen.

Das Dach umfaßt und überspannt das gesamte Haus. Das Haus Hope (1979) sollte ursprünglich eine innere Steinlandschaft aufnehmen, während das Dach des Hauses Beyer Bereiche umschließt, die wie Felsenbecken wirken. Der Hauptwohnraum des Hauses Segel fügt sich ein zwischen die hinteren hügelartig vorspringenden Wirtschaftsräume und den vor ihm liegenden Strand und ist unter dem grasgedeckten Dach kaum zu sehen.

Je nach den Gegebenheiten für jedes Haus bestimmen die Linien von Fußboden, Wand oder Dach die Beziehungen zwischen dem Menschen und einer idealisierten Natur. Die Dächer der Häuser Arango und Sheats werden schließlich zu den ausgeprägtesten Vermittlern des Übergangs.

Bis zu 9,14 m hohe, mehrfach leicht geschwungene Betonmauern fassen einen Gartenbereich ein, durch den man zum Haupthaus des Anwesens eines ungenannten Besitzers in Kalifornien gelangt. Sie schirmen den Garten vor Einblicken von Nachbargrundstücken ab und fungieren zugleich als Lärmschutzbarrieren. Die ganze Anlage wird zu einer neuen Landschaft – einschließlich Gästehaus, Unterkünften für das Hauspersonal, Schwimmbecken und höhlenartigen Toröffnungen der Garagen für acht Autos. Die Niveauunterschiede des Grundstücks ziehen sich durch das gesamte Haus, und auch die Wasserfläche erstreckt sich vom Gartenhof durch das Haus bis zum Garten direkt über dem Steilhang am Meer. Am Ende des inneren Grünbereichs, kurz bevor das Gelände zum Steilhang hin weiter abfällt, neigt sich eine große Betonwand, um schließlich das ganze Haus zu überdachen und damit eine riesige monolithische Bauform zu erzeugen. Das Zusammenspiel von geschwungenen Beton- und Natursteinwänden, wechselnden Bodenebenen und umschließendem Dach ist dazu angetan, den Wunsch des Bauherrn nach „einer ganz neuen Welt" zu erfüllen.

Zwischen Erdboden, Wand und Dach ist die Geschoßdecke für den Wohnbereich eingefügt, der auf einer eigenen tragenden Konstruktion ruht. Der Zugang zu den Wohnräumen erfolgt über einen Fußweg vom vorderen Teil des Grundstücks, von dem aus man weder Einblick in den Garten noch Ausblick auf das Meer hat. Zwischen den gerieften Betonwänden, den durch das Dach einfallenden Lichtflecken und den Zimmerpflanzen, die durch Öffnungen im Boden emporwachsen, erhöhen die Fußböden aus glänzenden schwarzen Schieferplatten den Kontrast zum im kalifornischen Sonnenlicht schimmernden Meeresspiegel.

l'origine toute une «géographie» intérieure, tandis que le toit de la Beyer Residence englobe un bassin entouré de rochers comme ces retenues d'eau que la mer abandonne lorsqu'elle se retire. Le séjour principal de la Segel Residence, invisible sous son toit gazonné, est implanté entre le promontoire quasi montagneux de l'aile de service à l'arrière, et la plage à l'avant.

Selon les circonstances du projet, les profil du sol, du mur ou du toit déterminent la relation entre l'individu et la nature idéalisée. Dans le cas des résidences Arango et Sheats, le toit est l'agent de la transition finale.

Des murs sinueux allant jusqu'à 9,14 m de haut décrivent une zone abritée qui mène à la maison principale de la Private Residence, pour défendre le jardin intérieur des voisins et du bruit de la route. Le terrain est transformé en paysage de formes comprenant la maison d'amis, le logement du personnel de maison, la piscine et les ouvertures caverneuses des garages pour huit voitures. Les modulations de la surface s'étendent à travers la maison, l'eau poursuivant son chemin jusqu'à un bassin à débordement en bordure de l'océan. A l'extrémité du jardin intérieur, avant de plonger sur la plage, un grand mur se déploie pour former le toit qui va recouvrir toute la maison, telle une énorme coque monolithique en béton. L'articulation du mur sinueux, des plans des sols qui se superposent, et du toit protecteur génère, selon les termes du brief du client «un tout nouveau monde».

Entre le sol, le mur et le toit se trouvent les plates-formes de la zone de séjour du rez-de-chaussée, soutenue par sa propre structure indépendante. L'entrée se fait au moyen d'une approche piétonnière à partir de l'avant du site, autonome par rapport au jardin et à la vue sur l'océan. Entre les striations de la structure en béton, les émissions de lumière à travers le toit, et la végétation qui pousse par des ouvertures, les sols en ardoise noire du séjour semblent flotter entre sol, mur et toit, comme suspendus face au paysage.

La pièce principale, totalement intériorisée, se nourrit des diverses strates de la construction, mais devient dans le même temps le générateur magique du jardin enchanté qui se développe vers l'arrière. Elle s'approprie la vue.

ARANGO

House for Mr and Mrs Jeronimo Arango
Acapulco, Mexico, 1973

Above: Cardboard model
Oben: Modell aus Pappe
Ci-dessus: Maquette en carton

Opposite: View from street below
Rechte Seite: Straßenansicht
Page de droite: Vue depuis la rue vue
en contrebas

142

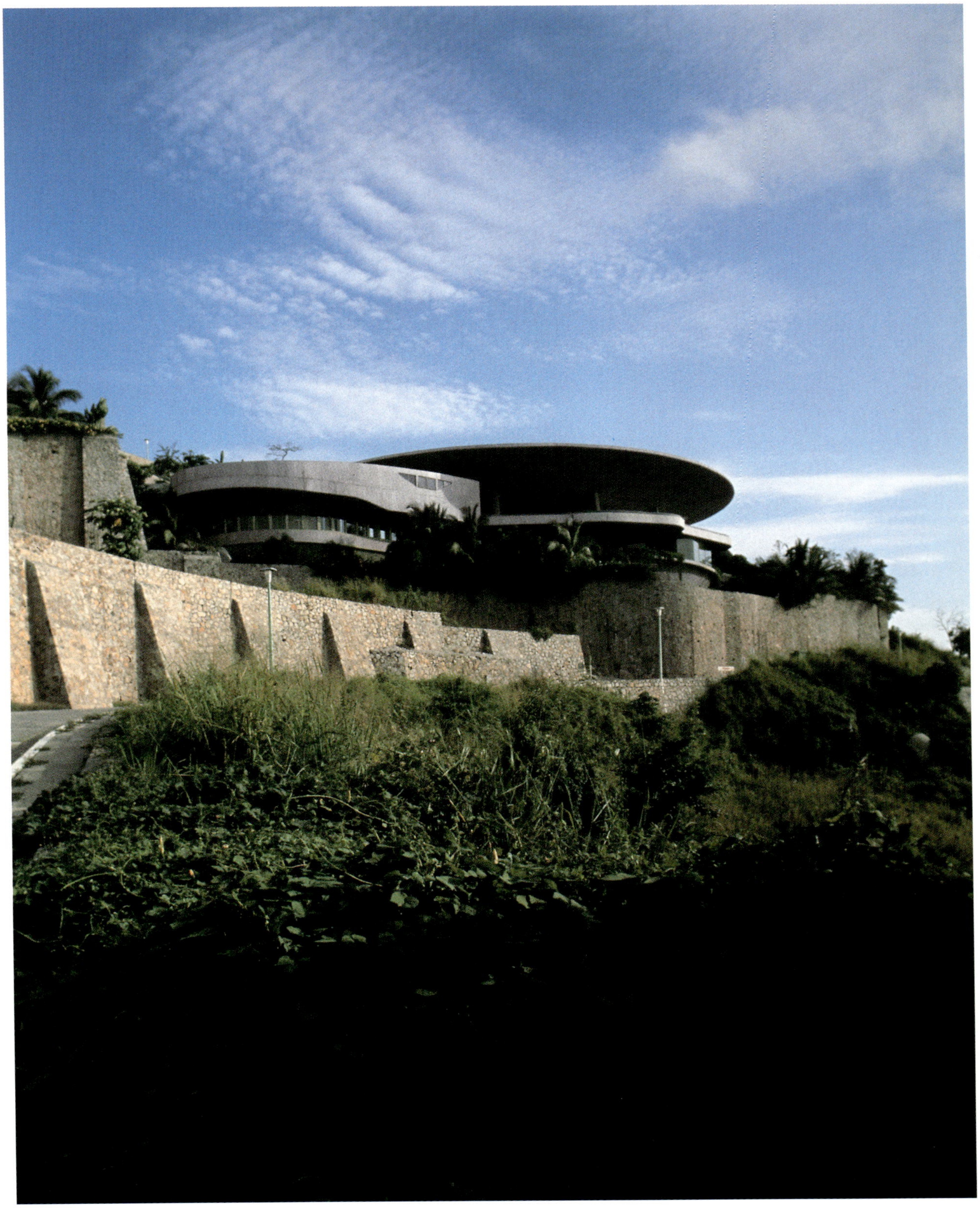

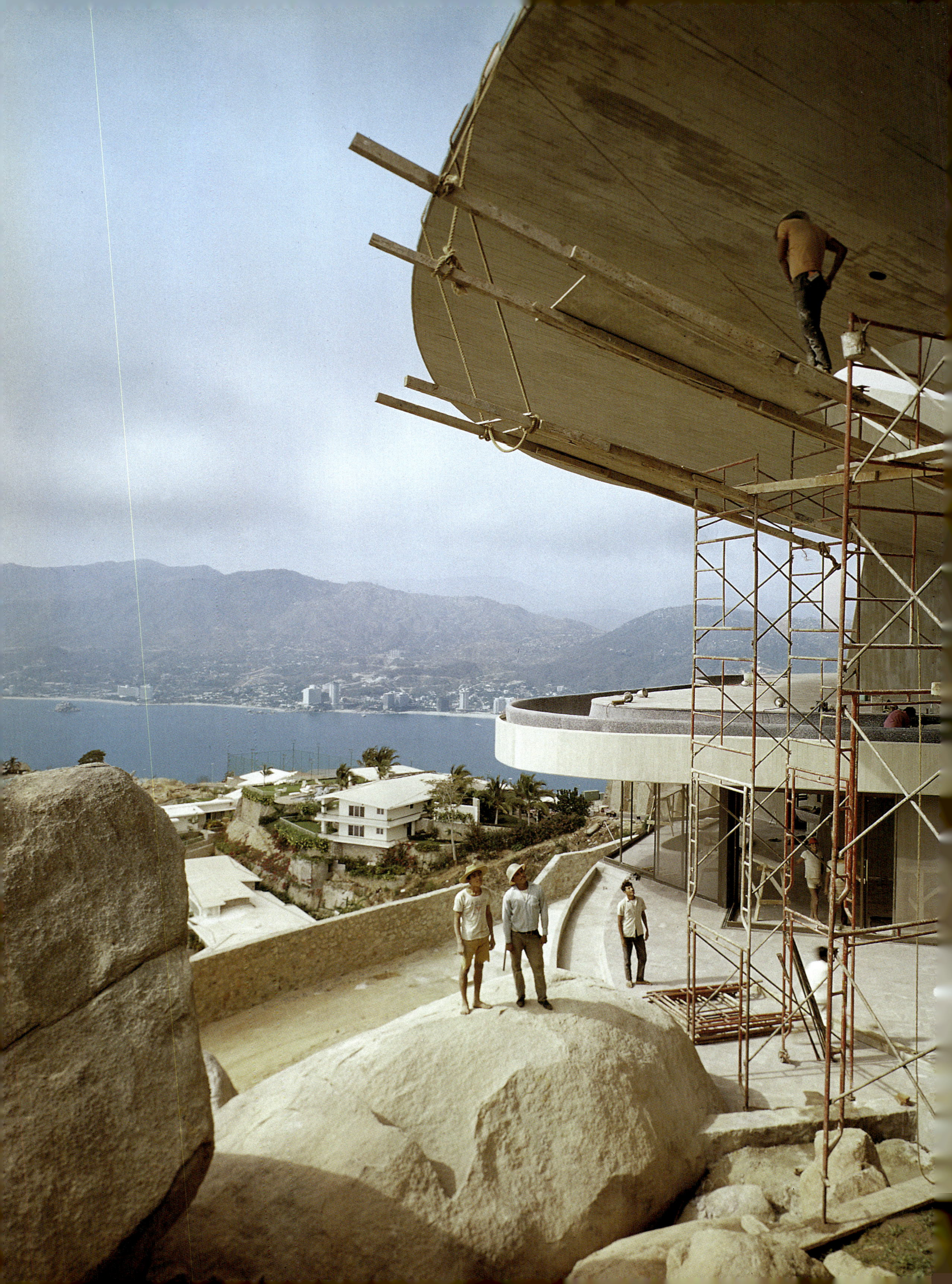

Opposite: Arango Residence in construction
Linke Seite: Haus Arango während der Bauzeit
Page de gauche: L'Arango Residence en cours de construction

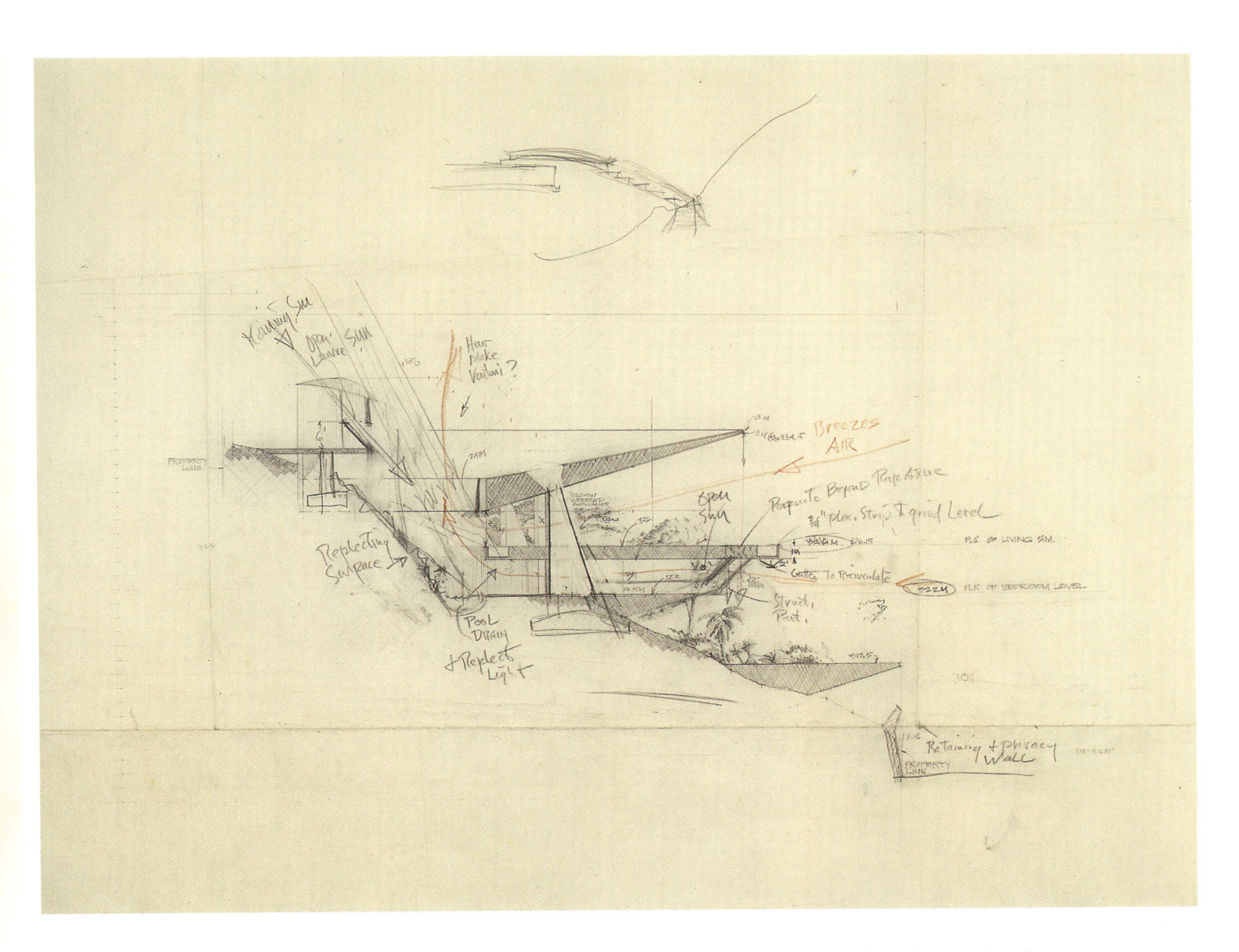

Above: Design sketch, showing sun angles and reflection pool behind the bedrooms
Oben: Entwurfsskizze mit eingezeichneten Sonnenlichteinfallswinkeln und Wasserbecken hinter den Schlafzimmern
Ci-dessus: Croquis de conception, montrant les angles par rapport au soleil et le miroir d'eau derrière les chambres

145

Terrace, serving as outdoor living and dining area. The moat keeps out crawling insects and eliminates the need for a handrail. The meandering water blends with the water of the bay below.
Blick auf die Terrasse, die zugleich als Wohn- und Eßbereich dient. Der sie umgebende Wassergraben hält kriechende Insekten fern und macht ein Geländer überflüssig. Der mäanderde Wasserkanal setzt sich optisch im Meeresspiegel fort.
La terrasse qui sert de séjour et de salle à manger d'extérieur. La douve protège des insectes et supprime la nécessité d'un garde-fou. Le méandre de son dessin se confonc avec le profil de la baie.

Concrete furniture on the terrace
Betonmöbel auf der Terrasse
Le mobilier de béton sur la terrasse

View from below, looking to master bedroom. The opening in the roof allows morning light into the master bedroom.

Ansicht von unten mit Blick auf das Elternschlafzimmer. Die Öffnung im Dach läßt morgens Licht in den Raum fallen.

La chambre principale, vue ici d'en bas, est éclairée le matin par l'ouverture dans le toit.

Opposite: Upper-level (above) and lower-level (below) construction plans
Rechte Seite: Ausführungszeichnungen für Obergeschoß (oben) und untere Ebene (unten)
Page de droite: Plans de construction du niveau supérieur (en haut) et du niveau inférieur (en bas)

The master bedroom is located below the terrace.
Das Elternschlafzimmer in der unteren Ebene und die Terrasse
La chambre principale au niveau inférieur et la terrasse

Exposed hillside and protected terrace behind the bedrooms
Freigelegter Felshang und geschützte Terrasse hinter den Schlafzimmern
Le flanc de colline apparent et la terrasse protégée à l'arrière des chambres

Master bedroom with jacuzzi in foreground
Elternschlafzimmer mit Whirlpool im Vordergrund
La chambre principale avec son jacuzzi au premier plan

149

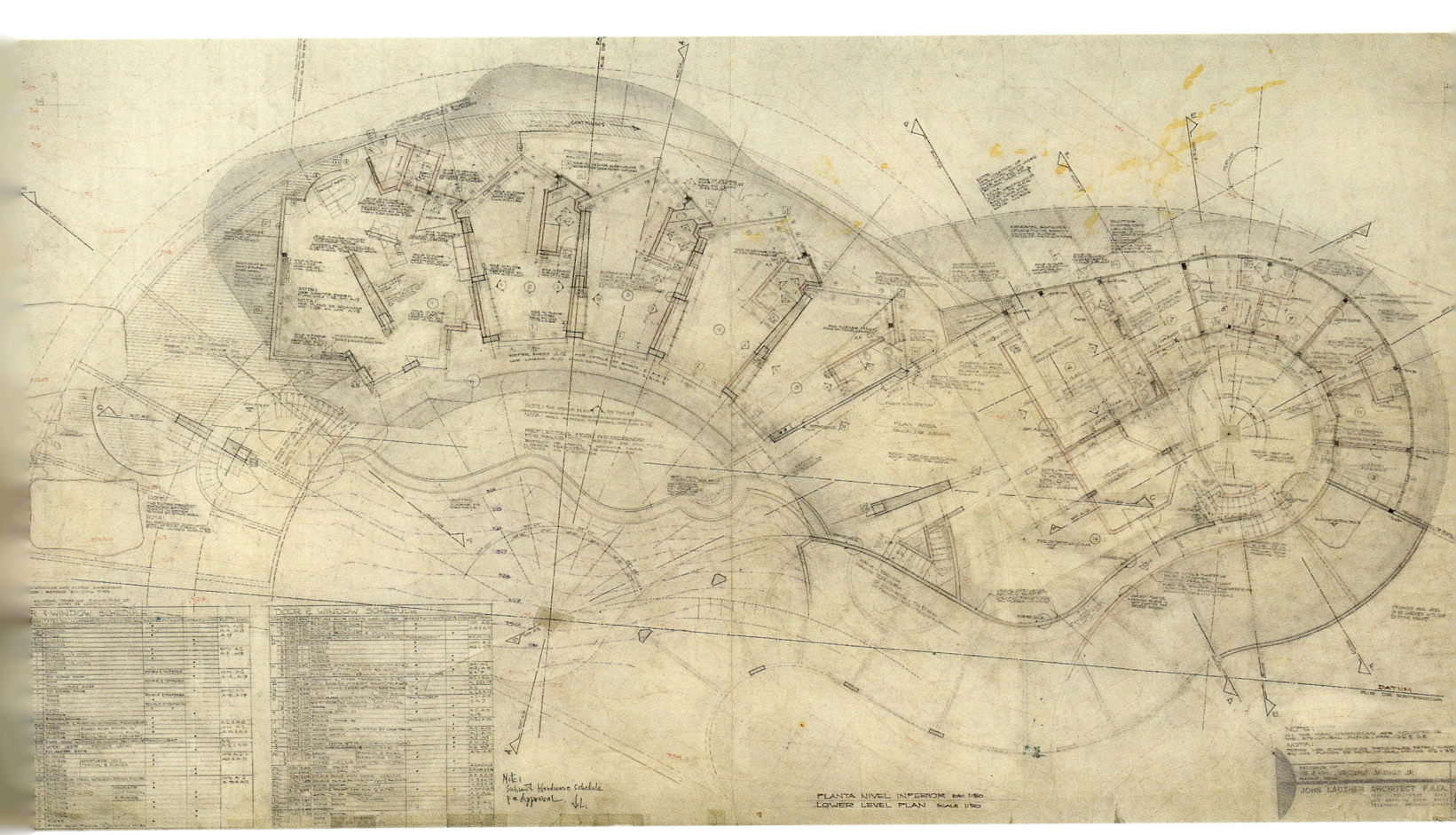

SHEATS

House for Mr and Mrs Paul Sheats
Los Angeles, California, 1963
Remodelled for Mr Jim Goldstein, 1989

Entrance area. The living room is located across the stepping stones.
Eingangsbereich. Über die Steintritte im Wasserbecken gelangt man in den Wohnraum.
La zone d'entrée. Le séjour est de l'autre côté des pas japonais.

The master bedroom after Lautner's remodel. The glass at the corner slides open under remote control.
Elternschlafzimmer nach dem Umbau durch Lautner. Die Eckverglasung läßt sich fernbedient öffnen.
La chambre principale après les modifications apportées par Lautner. L'angle de verre s'ouvre par télécommande.

Sheats Residence seen from a distance prior to remodel. The master bedroom can be seen at the lower level.
Gesamtansicht von Haus Sheats vor dem Umbau. Das Elternschlafzimmer befindet sich auf der unteren Ebene.
La Sheats Residence, avant les modifications. On aperçoit la chambre principale au rez-de-chaussée.

Right: Lautner with client Paul Sheats. A cardboard model of the house is in the foreground.
Rechts: Lautner und sein Bauherr Paul Sheats mit dem Pappmodell des Hauses
A droite: Lautner et son client, Paul Sheats. Maquette en carton de la maison au premier plan.

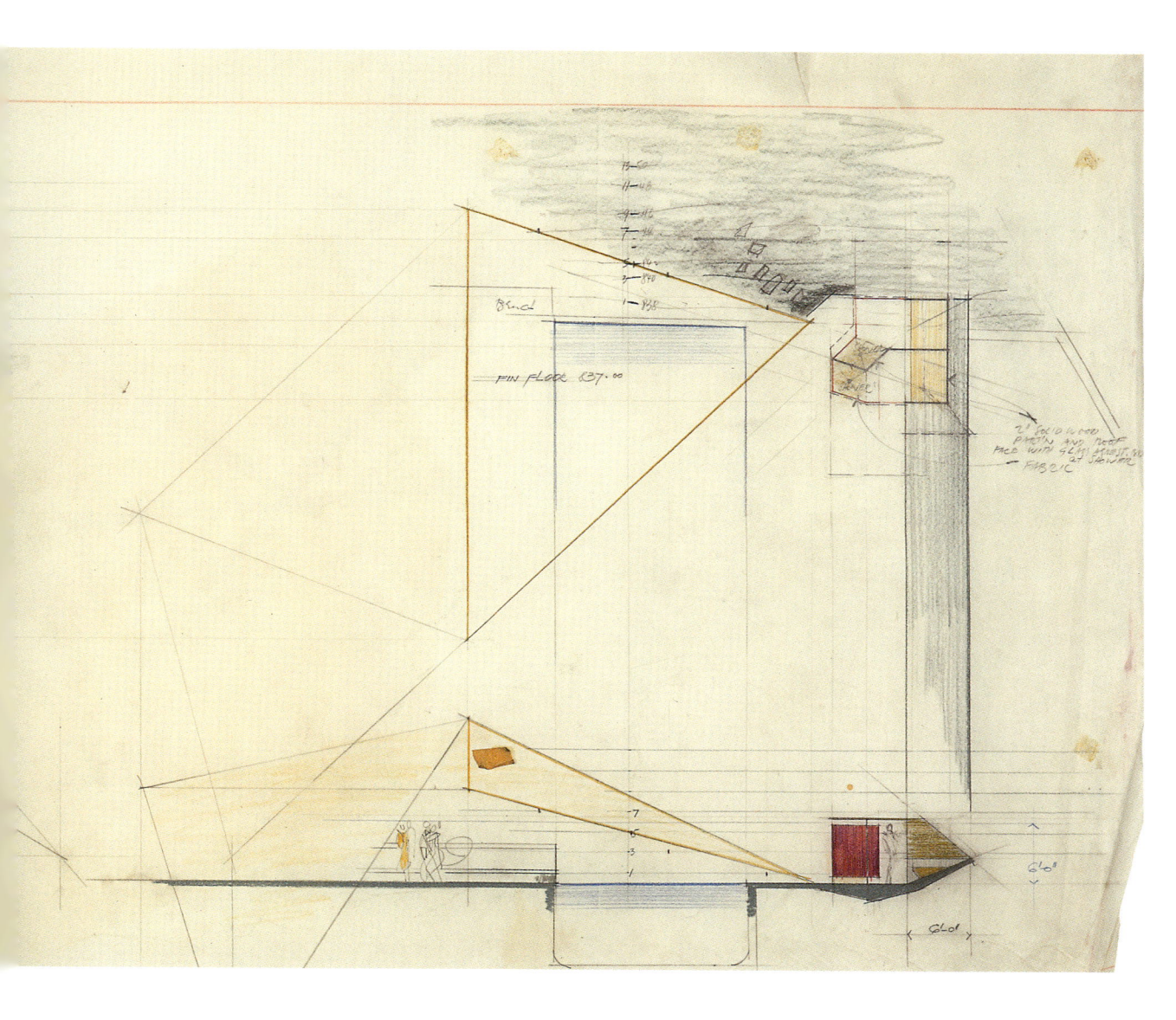

Drawing, showing setting out of the living room
Detailzeichnung des Wohnraums
Dessin de l'implantation du séjour

Detail of junction of roof and wall at entry to the house
Ansicht des Hauseingangs
Détail de la jonction du toit et du mur à l'entrée de la maison

Carport
Überdachter Autostellplatz
L'abri pour voitures

154

Bar and dining area. The skylight is motorized, allowing eating in the open air.
Eßtheke zur Küche und Eßplatz. Das große Oberlicht wird auf Knopfdruck automatisch geöffnet, so daß man dort unter freiem Himmel essen kann.
Bar et zone de repas. La verrière est motorisée, ce qui permet de manger en plein air.

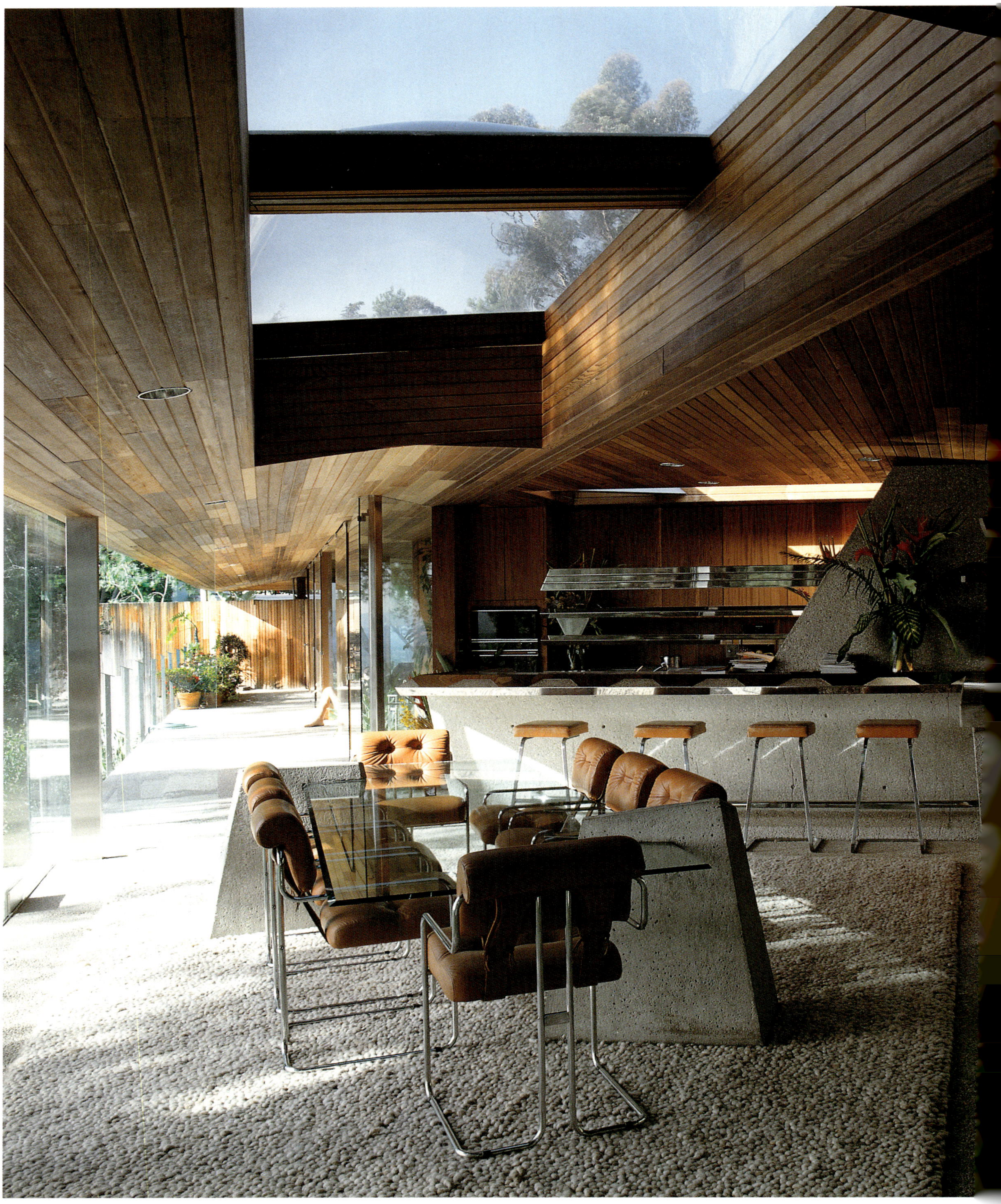

Above: Stair to the master bedroom at the end of the dining area. The living room is on the left.
Oben: Treppe zum Elternschlafzimmer am Ende des Eßbereichs. Der Wohnraum befindet sich zur Linken.
Ci-dessus: L'escalier vers la chambre principale au fond de la salle à manger. Le séjour est à gauche.

Left: View from the fulcrum of house adjacent to the junction with the stair, looking back to the bar and bedroom wing. The main entry to the house is on the right.
Links: Blick vom Mittelpunkt des Hauses (neben dem Treppenhaus) zurück in Richtung Eßtheke und Schlafzimmerflügel. Der Haupteingang befindet sich zur Rechten.
A gauche: Le centre de la maison, près de la jonction avec l'escalier, vers le bar et l'aile des chambres. L'entrée principale se trouve à droite.

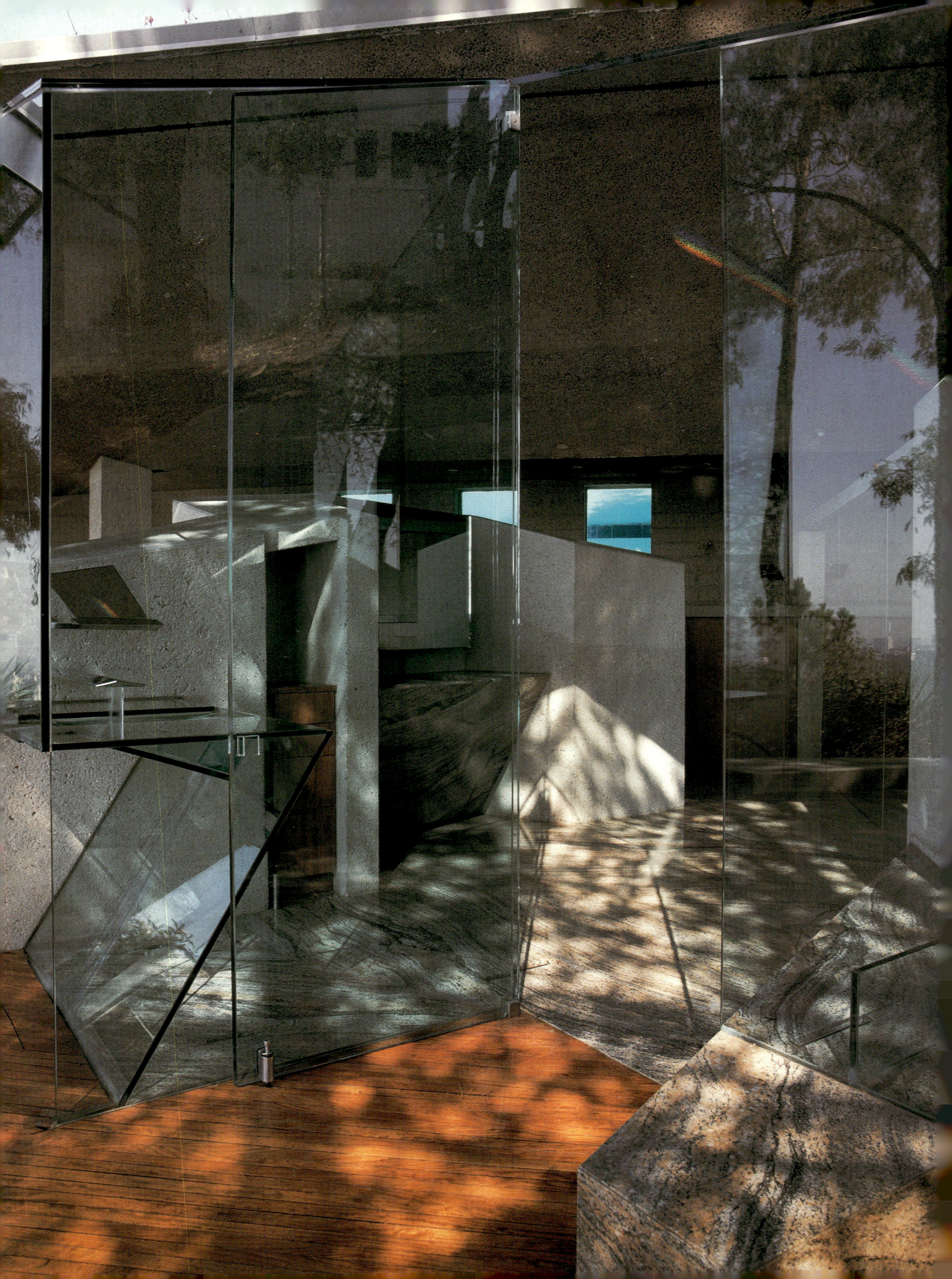

Opposite: Bathroom, master bedroom, after remodel. The windows to the rear look up into the water of the pool.
Linke Seite: Badezimmer des Hauptschlafraums nach dem Umbau. Die Fenster in der hinteren Wand bieten einen Blick in das Schwimmbecken.
Page de gauche: La salle de bains, la chambre principale, après modifications. Les fenêtres du fond donnent sur la piscine.

Above: View from under the coffered concrete living room roof to the pool and view of Los Angeles below
Oben: Blick aus dem Wohnraum mit der Betonkassettendecke über das Schwimmbecken auf Los Angeles
Ci-dessus: La piscine vue de sous le plafond à caissons en béton du séjour et panorama de Los Angeles en bas

Living room, looking towards entrance pool

Wohnraum mit Blick zum Wasserbecken am Eingang

Le séjour, vers le bassin de l'entrée

Above: Living room. Set into the concrete roof are 750 drinking glasses which act as minature skylights, capturing the light quality of a forest.
Oben: In die Betondecke des Wohnraums sind 750 Wassertrinkgläser eingesetzt, die als Miniatur-Oberlichter fungieren und eine Lichtstimmung wie in einem Wald erzeugen.
Ci-dessus: Le séjour. 750 verres ont été noyés dans le plafond. Ils servent de verrières miniatures et recréent les effets lumineux vus en forêt.

Left: Side table, living room
Links: Couchtisch im Wohnzimmer
A gauche: Une table basse dans le séjour

PRIVATE RESIDENCE

House for a private client
California, 1990

View of the residence from cliff edge. The wave shape of the roof encloses freely arranged accommodation below. The main living spaces are at first floor level.
Ansicht des Hauses vom Klippenrand. Die Wellenform des Daches überdeckt und umschließt frei ineinanderfließende Räume. Die Hauptwohnräume befinden sich im Obergeschoß.
La résidence vue depuis le bord de la falaise. Le toit en forme de vague recouvre le plan d'aménagement libre de l'intérieur. Les principaux espaces de vie se trouvent au premier niveau.

Sea view from terrace with circular pool
Blick von der Terrasse mit umlaufendem Wasserbecken auf das Meer
Vue sur la mer, depuis la terrasse et son bassin circulaire

Models, showing internal garden and eight car garages which are located below the sinuous pedestrian entry ramp.
Das obere Modell zeigt den Gartenhof, das untere die acht Garagen unter der Zugangsrampe.
Maquettes, montrant le jardin intérieur et le garage pour huit voitures sous la rampe piétonnière d'entrée.

View across pool from ground level to the internal garden world behind the house
Blick vom Erdgeschoß über das Wasserbecken zum Gartenhof hinter dem Haus
Vue prise depuis le rez-de-chaussée: au-delà de la piscine, le jardin intérieur situé derrière la maison

Left: Entrance ramps into the residence against the undulating concrete garden wall
Links: Zugangsrampen entlang der mehrfach geschwungenen Gartenmauer aus Beton
A gauche: Rampes d'accès à la résidence, contre le mur de béton du jardin, tout en courbes

The concrete carapace of the roof cascades into the garden.
Der Betonschalenpanzer des Hauses scheint kaskadenartig in den Garten hinunterzufließen.
La carapace de béton du toit descend en cascade vers le jardin.

Inside-outside spaces are created between skins of the enclosure. Zwischen der äußeren Umfassungsmauer und der inneren Fassade sind Wohnbereiche entstanden, die zugleich Innen- wie Außenräume darstellen. Les espaces intérieur-extérieur sont créés entre les deux «peaux» de l'enceinte.

CONCLUSION
Schlußwort Conclusion

Although his architecture is sometimes termed "organic", Lautner eschewed this description in the narrowest sense because of its connotations as a Frank Lloyd Wright style. Rather than working to create an attributable image, his practice was concerned with what a building did rather than how it seemed. Academic classifications, in his opinion, were applied only to clichés.

"The term Organic architecture means more than just organized structure. It means the infinite variety of nature applied to spaces for human beings – indefinable, therefore alive."[1]

Lautner's buildings are not literally of nature; rather they create a sense in the beholder, the inhabitant, which is like that of exposure to a natural force: "intangible essences". The result is, like nature, graduated from dark to light, from closeness to openness, and, as a landscape changes, Lautner's expression of this sense changes through his lifetime, from tent to cave.

Each work achieves Lautner's own patented peacefulness, conjured by being on the edge of a glorious view. However, it is the view as distant focus that makes it possible to develop within each building, from back to front, a temporary control over the inevitable movement of space to the outside.

Glazed facade and swimming pool are interlocutors in this balancing act, capturing, reflecting and allowing one to see beyond simultaneously. So too the changing weather conditions provide a varying perspective to the focus beyond. "Disappearing space seems to me to be the most durable and endurable and life-giving quality in architecture."[2]

Each surface is poised and its materials chosen to manage and prolong the suspense before that release; wherever you look you don't see a wall. Geometry is only servant to this suspense, the about to become. The unpredictable play of light and air that make serendipitous connections with surfaces all occurs in the now, giving all an ever-fresh sense of place.

"I choose not to be classified and remain instead continuously growing and changing, with basic real ideas contributing to life itself, for timeless enjoyment of spaces – which I call Real Architecture. No beginning, no end – always."[3]

1 Wahlroos, Ingalill: *John Lautner*, op. cit.
2 Pendro, Raymond James: *Solid and Free: the Architecture of John Lautner*, unpublished thesis, University of California, Los Angeles, 1987
3 Campbell-Lange, Barbara-Ann: *John Lautner*, op. cit.

Obwohl Lautners Architektur gelegentlich als „organisch" bezeichnet wird, vermied er selbst diese Beschreibung in ihrem eng gefaßten Sinn, und zwar weil dabei immer zugleich auch mitschwingt, daß eine solche Architektur Frank Lloyd Wright nachempfunden sei. Statt an einem identifizierbaren Image zu arbeiten, interessierte sich Lautner immer mehr für die Leistungen seiner Bauten als für das Stiletikett, das man ihnen anhängen konnte. Lautner war der Meinung, daß akademische Klassifizierungen nur auf Klischees anwendbar seien.

„Der Begriff ‚organische Architektur' bedeutet mehr als nur organisierte Konstruktion. Er bezeichnet die unendliche Vielfalt der Natur – angewandt auf Räume für Menschen – undefinierbar, und daher lebendig."[1]

Lautners Häuser sind nicht buchstäblich der Natur entnommen, sondern vermitteln ihren Bewohnern das Gefühl, den Kräften der Natur, ihrem nicht greifbaren Wesen, ausgesetzt zu sein. Seine Bauten gingen – wie die Natur – aus der Dunkelheit zum Licht über, wechselten von Geschlossenheit zu Offenheit, und genau wie die natürliche Landschaft veränderte sich im Laufe seines Lebens auch Lautners formaler Ausdruck dieser Quintessenz: vom Zelt zur Höhle.

Jedes Haus vermittelt Lautners eigene innere Ruhe, vor allem heraufbeschwört in Häusern, die sich zu einer herrlichen Aussicht hin öffnen. Und es ist gerade dieser Fernblick, der es ermöglicht, in jedem Haus von der Rückseite bis zur Vorderseite eine zeitweilige Kontrolle über den unvermeidbaren Übergang vom Innen- zum Außenraum auszuüben.

Glasfassaden und Schwimmbecken spielen bei diesem Balanceakt eine Rolle. Sie halten den Bewohner zurück, nehmen ihn auf, reflektieren sein Spiegelbild und erlauben ihm gleichzeitig, durch sie hindurch und über sie hinweg zu blicken. Wetterwechsel sorgen ebenfalls für unterschiedliche Erscheinungsbilder der Aussicht. „Der verschwindende Raum bietet meiner Meinung nach die dauerhafteste, erträglichste und lebenspendende Qualität in der Architektur."[2]

Jede Oberfläche ist sorgfältig ausbalanciert, ihre Materialien sind so gewählt, daß sie die räumliche Spannung kontrollieren und steigern, bis zu diesem „Verschwinden". Man mag hinschauen, wo man will: Man sieht keine Wand. Die Geometrie ist dieser Spannung untergeordnet und immer im Werden begriffen. Das nicht voraussagbare Wechselspiel von Licht und Luft bezieht auch die Oberflächen mit ein. Alles geschieht im Hier und Jetzt und vermittelt ein immer neues Verständnis für das Wesen des Ortes.

„Ich will ganz bewußt nicht irgendwo eingeordnet werden, sondern beständig wachsen und mich verändern, grundlegende Wahrheiten und reale Ideen entwickeln, die das Leben selbst bereichern – zum zeitlosen Genießen von Räumen. Das nenne ich wahre Architektur. Kein Anfang, kein Ende – immer."[3]

Bien que son architecture soit parfois qualifiée d'organique, Lautner échappe à ce qualificatif au sens étroit du terme par ses connotations wrightiennes. Ses clients étaient plus concernés par les émotions que pouvait provoquer leur maison que par sa simple apparence. Pour lui, les classifications académiques ne s'appliquaient qu'aux clichés.

«Le terme d'architecture organique signifie plus qu'une simple structure organisée. Il veut dire que l'infinie variété de la nature s'applique à des espaces conçus pour les êtres humains – indéfinissables et donc vivants.»[1]

Les constructions de Lautner n'appartiennent pas littéralement à la nature, mais créent plutôt chez le spectateur ou l'habitant, un sentiment proche de celui de l'exposition à une force naturelle: «des essences intangibles». De même que dans la nature, le mouvement va de l'obscurité vers la lumière, du fermé vers l'ouvert, et de même qu'un paysage se modifie, l'expression lautnerienne de ce sentiment évolue tout au long de sa vie, de la tente vers la caverne.

Chaque œuvre atteint à la sérénité qui est la marque de l'architecte, et qui se voit renforcée par sa présence face à un panorama somptueux. Mais c'est la vue, considérée comme un point focal lointain qui rend possible le développement dans chaque maison, d'un contrôle temporaire du mouvement inéluctable de l'espace de l'arrière vers l'avant, vers l'extérieur.

Les façades de verre et les piscines participent à cet acte d'équilibre, de capture, de reflet en nous permettant de voir simultanément vers l'avant. De même, les changements du temps offrent une perspective variable. «L'espace qui disparaît me semble être la qualité la plus susceptible d'animer et de durer et d'être appréciée de l'architecture.»[2]

Chaque surface se maintient en équilibre, et ses matériaux sont choisis pour aménager et prolonger le suspense qui précède la libération. Où que l'on regarde, pas de mur. La géométrie est au service du suspense, de l'attente de ce qui va se produire. A travers le jeu imprévisible de la lumière et de l'air qui provoque des connections inattendues avec les surfaces, tout se passe dans l'instant, et confère à toute chose le sentiment d'un lieu toujours neuf.

«J'ai choisi de ne pas entrer dans une classification et de maintenir plutôt ma capacité à grandir et à évoluer sans cesse, en compagnie des grandes idées essentielles qui contribuent à la vie elle-même, pour la jouissance sans limite temporelle des espaces – ce que j'appelle l'architecture réelle. Pas de commencement, pas de fin – le toujours.»[3]

169

170

Map of Los Angeles, on which Lautner has marked his projects
Karte von Los Angeles mit Lautners Eintragungen seiner Bauten
Carte de la région de Los Angeles avec mention des constructions par Lautner

BIOGRAPHY AND COMPLETE WORKS
Biographie und Werkliste Biographie et liste des travaux

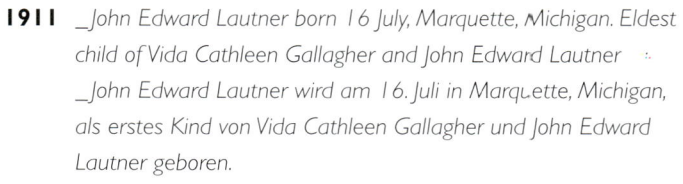

1911 _John Edward Lautner born 16 July, Marquette, Michigan. Eldest child of Vida Cathleen Gallagher and John Edward Lautner
_John Edward Lautner wird am 16. Juli in Marquette, Michigan, als erstes Kind von Vida Cathleen Gallagher und John Edward Lautner geboren.
_John Edward Lautner naît le 16 juillet à Marquette, Michigan, fils aîné de Vida Cathleen Gallagher et de John Edward Lautner.

1933 _Lautner graduates from Northern State Teachers College (now called Northern Michigan University) with a degree in English.
_Lautner schließt sein Studium am Northern State Teachers College (heute Northern Michigan University) mit einem Englisch-Diplom ab.
_Diplômé en anglais de Northern State Teachers College (aujourd'hui Northern Michigan University).

1934 _Lautner marries Mary F. Roberts.
Lautner is accepted as an apprentice by Frank Lloyd Wright at Taliesin.
Lautner and Mary live at Taliesin together.
_Eheschließung mit Mary F. Roberts.
Lautner wird von Frank Lloyd Wright als Auszubildender in Taliesin angenommen.
Lautner und seine Frau Mary wohnen in Taliesin.
_Epouse Mary F. Roberts.
Entre comme apprenti chez Frank Lloyd Wright à Taliesin.
Vit à Taliesin.

1938 _Daughter Karol Lautner born
_Geburt der Tochter Karol Lautner
_Naissance de sa fille, Karol Lautner

1940 _Lautner leaves Taliesin and Frank Lloyd Wright to start his own practice.
_Lautner verläßt Taliesin und Frank Lloyd Wright um sein eigenes Büro zu gründen.
_Quitte Taliesin et Frank Lloyd Wright pour ouvrir sa propre agence.

1942 _Son Michael John Lautner born
_Geburt des Sohnes Michael John Lautner
_Naissance de son fils, Michael John Lautner

Bell Residence

Mauer Residence

Dahlstrom Residence

Googies Coffee House

1944 _Daughter Mary Beecher Lautner born
_Geburt der Tochter Mary Beecher Lautner
_Naissance de sa fille, Mary Beecher Lautner

1945 Darrow Office Building, Beverly Hills
Hancock Residence, Los Angeles
Weinstein Remodel, Los Angeles

1946 _Daughter Judith Munroe Lautner born
_Geburt der Tochter Judith Munroe Lautner
_Naissance de sa fille, Judith Munroe Lautner

Eisele Guest House, Los Angeles
Mauer Residence, Los Angeles

1947 _Lautner and Mary divorce
_Scheidung von Mary
_Divorce

Carling Residence, Los Angeles
Desert Hot Springs Motel, Desert Hot Springs
Gantvoort Residence, Flintridge
Henry's Restaurant, Glendale
Jacobsen Residence, Hollywood
Polin Residence, Hollywood
Eisele Ski Cabin, Big Bear (project)

1948 _Lautner marries Elizabeth Gilman Honnold
Step-daughter Elizabeth Honnold (born 1931)
_Eheschließung mit Elizabeth Gilman Honnold
Stieftochter Elizabeth Honnold (geb.1931)
_Epouse Elizabeth Gilman Honnold, mère d'Elizabeth Honnold (née en 1931)

Lincoln Mercury Showroom, Glendale
Sheats Apartments (L'Horizon), Los Angeles
Valley Escrow Offices, Sherman Oaks
Abbot Apartments, Los Angeles (project)
William Adams Residence, Pasadena (project)
Ferber Residence, Altadena (project)
Mayer Residence, Pacific Palisades (project)
Ross Residence, Los Angeles (project)
Stiff Residence, Los Angeles (project)

1949 Dahlstrom Residence, Pasadena
Googies Coffee House, Los Angeles
UPA Studios, Burbank
Schaffer Residence, Montrose
Brooks Addition, Studio City (project)

Alexander Residence

Deutsch Residence

Harpel Residence

1950 Alexander Residence, Long Beach
Foster Residence, Sherman Oaks
Harvey Residence, Los Angeles
Shusett Residence, Beverly Hills
Monroe Residence, Los Angeles (project)
Noerdlinger Residence, Playa Del Rey (project)

1951 Baxter-Hodiak Remodel, Los Angeles
Bick Residence, Brentwood
Evans and Reeves Exhibition Stand, Los Angeles
Lippett Remodel, Los Angeles

1952 Carr Residence, Los Angeles
Gootgeld Residence, Beverly Hills
Howe Residence, Los Angeles
Williams Residence, Hollywood
Ewing Residence, Los Angeles (project)

1953 Bergren Residence, Hollywood
Henry's Restaurant Remodel, Pasadena
Payne Addition, San Dimas
Tyler Residence, Studio City
Leipziger Remodel, Beverly Hills (project)
Pittenger Residence, Los Angeles (project)

1954 Beachwood Market, Hollywood
Coneco Corporation House, Los Angeles
Fischer Residence, Los Angeles
Lek Remodel, Studio City
Deutsch Residence, Hollywood

1955 Baldwin Residence, Los Angeles
Henry's Restaurant Addition, Arcadia

1956 Harpel Residence, Hollywood
Seletz Studio, Los Angeles
Speer Contractors Office Building, Los Angeles
Crenshaw Methodist Church, Los Angeles (project)

1957 Henry's Restaurant, Pomona
Pearlman Residence, Idyllwild
Zahn Residence, Hollywood

1958 Kaynar Factory for K. Reiner, Pico Rivera
Hatherall Residence, Sun Valley
Dolley Apartments, Laguna Beach (project)
Pearlman Residence, Santa Ana (project)
Sawyer Mountain Cabin, Los Angeles (project)
Sheanin Residence, Los Angeles (project)
Lindenberg Residence, Sherman Oaks (project)

Hatherall Residence

Concannon Residence

Marina View Heights Headquarters

1959 Henry's Restaurant, Alhambra
Henry's Restaurant, Santa Ana
Ernest Lautner Residence, Pensacola, Florida
Olin Office Building, Claremont (project)
Glazier Residence, Los Angeles (project)

1960 Concannon Residence, Beverly Hills
Malin Residence ("Chemosphere"), Hollywood
Midtown School, Los Angeles
Chapel of World Peace, Dedicated to Dr Martin Luther King, Los Angeles (project)

1961 Preminger Swimming Pool, Los Angeles
Tolstoy Residence, Alta Loma
Offices on 1777 North Vine Street, Los Angeles
Wolff Residence, Hollywood
Akers Residence, Malibu (project)

1962 Garcia Residence, Los Angeles
Henry's Restaurant Addition, Glendale
Thiele Addition to the Coneco Corporation House, Los Angeles (project)
Martel Residence, Los Angeles (project)
Shusett Office Building, Los Angeles (project)

1963 Sheats Residence, Los Angeles
Reiner Residence ("Silvertop"), Los Angeles
Wolff Remodel, Los Angeles
Ballet School and Theatre, San Diego (project)
Fell Residence, Beverly Hills (project)
Mann Residence, Huntington Harbor (project)
Morris Residence, Los Angeles (project)
Exhibition at Mount San Antonio College, Walnut, California

1964 Conrad Addition, Fullerton
Henry's Restaurant Addition, Alhambra
Residence for Bay Cities Mortgages, Palos Verdes (project)
Bisharat Residence, Los Angeles (project)
Fink Residence, Los Angeles (project)
Goldsmith Residence, Los Angeles (project)

1965 Stanley Johnson Residence, Laguna Beach
Clark Residence, Los Angeles (project)
Newport Research Center, Newport Beach (project)
Rosen Parking Building, Los Angeles (project)

1966 Marina View Heights Headquarters, San Juan Capistrano
Harpel Residence, Anchorage, Alaska
Moser Residence, Oakview (project)
Exhibition at the University of Kentucky, Lexington, Kentucky

1967 Exhibition at the California State College, Los Angeles

Zimmerman Residence

Walstrom Residence

Jordan Residence

1968 Elrod Residence, Palm Springs
Henry's Restaurant Addition, Glendale
Stevens Residence, Malibu Bay Colony
Zimmerman Residence, Studio City
Motor Inn Motel for Glenn Amundson, Glendale (project)
Laboratory and Living Quarters for Owens Valley Observatory, Cal Tech (project)
Peters Residence, Thousand Oaks (project)
Robertson Residence, Lake Hollywood (project)
Walker Residence, Los Angeles (project)

1969 Mills Addition, Flintridge
Walstrom Residence, Los Angeles
HUD Project for Low Cost Housing (project)

1970 Garwood Residence, Malibu
Science Building, Hilo Campus, University of Hawaii

1971 Familian Residence, Beverly Hills
Busustow Cabin, Lake Alamnor
Lueck Residence, San Diego (project)
Moen Residence, Laguna Beach (project)
Raintree Inn for Dan Stevens, Grand Junction, Colorado (project)

1973 Arango Residence, Acapulco, Mexico
Jordan Residence, Laguna Beach
Franklyn Residence, Buenos Aires, Argentina (project)
Dr E. Little Dental Clinic, San Juan Capistrano (project)

1974 Nichols Residence, Farmington, New Mexico (project)
Doumani Duplex, Marina Del Rey (project)
Hurd Residence, Horseshoe Bay, Texas (project)
John Lautner Mountain Cabin, Three Rivers, California (project)
Lucy Residence, Horseshoe Bay, Texas (project)
Rosenthal Residence, Las Vegas, Nevada (project)
Three Worlds of Los Angeles, Exhibition, sponsored by United States Information Service and Cultural Centers in Europe. Curated by Beata Inaya

1975 Marco Wolff Mountain Cabin, Idyllwild
Burrell Ranch, Grayson County
Nature Center, Griffith Park, Los Angeles

1976 Curtiss Residence, Hunting Valley, Ohio (project)
Familian Beach House, Malibu (project)
Starr Residence, Bell Canyon (project)
Los Angeles Twelve, Exhibition at the Pacific Design Center, Los Angeles, and at the California State Polytechnic University, Pomona

Rawlins Residence

Beyer Residence

1977 Aldrich Remodel, Los Angeles
Cavalier Motel for Dan Stevens, Los Angeles (project)
Hellinger Residence, Pacific Palisades (project)

1978 Aita Addition for Private Discotheque, Los Angeles (project)
Pavilion for the Edward Dean Museum, Cherry Valley (proj.)

1979 _Lautner's wife Elizabeth dies.
_Tod von Lautners Frau Elizabeth
_Mort d'Elizabeth

Crippled Children's Society Rehabilitation Center, Woodland Hills
Segel Residence, Malibu
Hope Residence, Palm Springs

1980 Crahan Swimming Pool, Los Angeles
Rawlins Residence, Newport Beach
Bornstein Residence, Los Angeles (project)

1981 Celestial Arts Office Remodel, Millbrea (project)
Ellersieck Residence, Altadena (project)
Lynn Residence, Santa Barbara (project)
Turner Condominiums, Marina Del Rey (project)

1982 _Lautner marries Francisca Hernandez.
_Eheschließung mit Francisca Hernandez
_Epouse Francisca Hernandez.

'Flowers That Bloom In the Spring, Tra La', Flower Shop for Dan Stevens, Los Angeles
Turner Residence, Aspen, Colorado
Schwimmer Residence, Los Angeles
Krause Residence, Malibu
Zimmerman Residence Addition, Studio City (project)

1983 Beyer Residence, Malibu

1985 Exhibition at the Schindler House, Los Angeles

1986 Roven Residence, Beverly Hills (project)

1987 Nicholas Addition, Beverly Hills

1988 Haagen Beach Cabin, Malibu (project)

1989 Boykoff Remodel, Los Angeles
Goldstein Offices, Los Angeles
Goldstein Remodel of Sheats Residence, Los Angeles
Todd Addition to Hancock Residence, Los Angeles
Walter Remodel of Concannon Residence, Beverly Hills (project)

1990 Private Residence, California
Yokeno Residence, Pacific Palisades, under construction
Miles Davis Swimming Pool, Malibu (project)
Townsend Residence, Malibu (project)

1991 Eicher Remodel of Carling Residence, Los Angeles
Marina Fine Arts, Marina Del Rey
Architecture as Art, Exhibition at the Athenaeum, La Jolla
John Lautner, Exhibition at the Hochschule für Angewandte Kunst, Wien. Curated by Johannes Kraus and Hubert Klumpner
John Lautner, Exhibition at the Harvard Graduate School of Design, Harvard University, Cambridge, Massachusetts
John Lautner, Exhibition at the Graham Foundation for Advanced Studies in the Fine Arts, Chicago, Illinois

1992 Shearing Residence, Coronado Cays
Friedberg-Rodman Remodel of Zahn Residence, Los Angeles
Exhibition at the Emily Carr College of Art and Design, Vancouver
Exhibition at the National Institute of Architectural Education, New York

1993 Worchell Remodel of Bell Residence, Los Angeles (project) – in progress when Lautner died
Johns Studio, Los Angeles (project) – in progress when Lautner died
Berns Remodel of Jordan Residence, Laguna Beach (project) – in progress when Lautner died
Wood Residence, Malibu (project) – in progress when Lautner died

1994 _John Lautner dies 24 October in Los Angeles.
John Lautner Foundation established
_Tod John Lautners am 24. Oktober in Los Angeles
Gründung der John Lautner Foundation
_Meurt le 24 octobre à Los Angeles
Création de la John Lautner Foundation

Whiting Residence, Sun Valley, Idaho (project) – in progress when Lautner died
John Lautner: California Architect. Selected Projects 1937-1991, Exhibition at the School of Architecture Gallery, Princeton University

INDEX

Alexander, George (residence) 14, **174**
Arango, Jeronimo (residence) 14, 134, 140, **142**
Baldwin, Joseph (residence) 60, 116
Bell, L. N. (residence) **172**
Bergren, Ted (residence) 52, **56**
Beyer (residence) 116, 140, **177**
Carling, Foster (residence) 16, 30, **34**, 62, 138
Chemosphere → Malin
Concannon, Charles (residence) 64, 140, **175**
Dahlstrom, Grant (residence) **173**
Desert Hot Springs Motel 30, **40**
Deutsch, George (residence) 14, 52, 60, **174**
Elrod, Arthur (residence) 4, 62, 66, **104**, 140
Foster, Louise (residence) 52, **54**
Gantvoort, W. F. (residence) 14, 18, **26**
Garcia, Russ (residence) 4, 60, **88**, 138
Goldstein, Jim → Sheats
Googies Coffee House **173**
Harpel, Willis (residence) 14, 64, **174**
Hatherall, George (residence) **175**
Hope, Bob (residence) 140
Hubbard, Lucien 40
Jacobsen, G. (residence) 30
Jordan, William (residence) **176**
Krause, Bud (residence) 116
Lautner, Ernest (residence) 60
Lautner, John (mountain cabin) 112
Lautner, John (residence) 18, **20**
Malin, Leonard (residence) 4, 14, 62, **74**, 116
Marina View Heights Headquarters **175**
Mauer, Edgar F. (residence) 14, 18, **22**, 173
Niewiadomski, Wally 14, 66
Oboler (residence) **11**, 12
Pearlman, C. K. (mountain cabin) 60, **68**, 116, 134
Polin, Ben (residence) 30
Private residence 138, **162**
Rawlins, Robert (residence) 116, **177**
Reiner, Kenneth (residence) 4, 14, 64, **92**, 140
Roberts, Abby Beecher (residence) 12
Schaffer, J. W. (residence) 30, **46**, 136
Segel, Gilbert (residence) 14, 64, 116, **124**, 140
Shearing (residence) 116
Sheats, Paul (apartments) 58
Sheats, Paul (residence) 14, 136, 140, **150**
Silvertop → Reiner
Stevens, Dan (residence) 114, **118**, 138
Sturges (residence) **11**, 12
Turner, Allan (residence) 116
Tyler, Ted (residence) 52, 60
Vaux, John de la 16
Walstrom, Douglas (residence) 138, **176**
Wolff, Marco (residence) 58, **82**, 138
Wright, Frank Lloyd 4, 8, 12, 30, 58, 168
Zimmerman, Wayne (residence) 60, **176**

CREDITS

Lautner Associates / Helena Arahuete: 37, 39 top and bottom, 146 bottom, 148 middle and bottom

The John Lautner Archives / The John Lautner Foundation: 2, 6, 8, 9, 12, 15, 16, 18, 19, 20, 21 top and bottom, 23 top and bottom, 27, 31, 32, 52, 56 middle and bottom, 58, 59, 60, 61, 62, 63, 64, 66, 67, 68, 70, 76, 78, 79 top left and right, 84 top and bottom, 85, 94 top and bottom, 95 top and bottom, 96, 108 top and bottom, 109, 112, 113 top and bottom, 114 top and bottom, 117, 126 top and bottom, 134 top and bottom, 136 top and bottom, 137, 138, 139, 142, 145, 149 top and bottom, 152 bottom, 153, 164 top and bottom, 165 bottom, 167, 170, 173, back cover

The John Lautner Archives / The John Lautner Foundation / Michael Moore photograph: 106, 143

The John Lautner Archives / The John Lautner Foundation / Tim Street-Porter photograph: 5

Don Higgins, Los Angeles: 35, 54, 55

Michael Moore, Salt Lake City: 146 top, 148 top, 162, 163 top, 165 top, 166 top and bottom, 177

Julius Shulman, Los Angeles: 11 middle and bottom, 22, 24 top and bottom, 25, 26, 44, 45, 47, 48, 50 right, 51, 56, 57 top, 75, 77, 80, 81, 82, 83, 86, 87 left and right, 88, 39, 91, 93, 98, 100, 103, 119, 121, 122 bottom, 125, 127 top, 128, 129 top, 132, 144, 147, 152 top left, 172, 173 top, middle and bottom, 174 top, middle and bottom, 175 top, middle and bottom, 176 top, middle and bottom, 177 top

Alan Weintraub, San Francisco: 28, 29, 36, 38, 40, 41, 43, 46, 50 left, 69, 72, 73, 79 bottom, 90, 99, 101, 102, 104, 105, 107, 110, 111, 118, 120, 122 top, 123, 129 bottom, 130, 131, 133, 150, 151, 154 top and bottom, 155, 156, 157, 158, 159, 160, 161 top and bottom, front cover

The Frank Lloyd Wright Archives / The Frank Lloyd Wright Foundation: 11 top

The Frank Lloyd Wright Archives / The Frank Lloyd Wright Foundation / Robert C. May photograph: 10

We would like to thank the following people for their help in the preparation of this book:

Frances Anderton, Helena Arahuete, Peter Blundell-Jones, Rory Campbell-Lange, Frank Escher, Don Higgins, Elizabeth Honnold, Kezia Lange, Victoria Larson, Judy Lautner, Karol Lautner Petersen, Michael Moore, Duncan Nicholson, Julius Shulman, Julia Strickland, Alan Weintraub

Front cover: Sheats/Goldstein Residence. The master bedroom after Lautner's remodel.
Umschlagvorderseite: Haus Sheats/Goldstein. Das Elternschlafzimmer nach dem Umbau durch Lautner.
Couverture: Résidence Sheats/Goldstein. La chambre principale après les modifications apportées par Lautner.

Back cover: John Lautner with Chemosphere behind
Umschlagrückseite: John Lautner mit Chemosphere
Dos: John Lautner et le Chemosphere

© 1999 Benedikt Taschen Verlag GmbH
Hohenzollernring 53, D-50672 Köln
All rights reserved. No part of this book may be reproduced in any manner whatsoever without permission in writing from Benedikt Taschen Verlag GmbH.

Edited and designed by Peter Gössel, Bremen
Co-edited by Susanne Klinkhamels, Cologne
Cover design by Angelika Taschen, Cologne, and Peter Gössel, Bremen
French translation by Jacques Bosser, Paris
German translation by Annette Wiethüchter, Berlin

Printed in Italy
ISBN 3-8228-6621-0